복 있는 사람

오직 여호와의 율법을 즐거워하여 그 율법을 주야로 묵상하는 자로다.
저는 시냇가에 심은 나무가 시절을 좇아 과실을 맺으며 그 잎사귀가 마르지 아니함 같으니
그 행사가 다 형통하리로다.(시편 1:2-3)

일상 ——

부활을 살다

Eugene H. Peterson

Living the Resurrection

유진 피터슨 지음
권연경 옮김

일상
—
부활을 살다

복 있는 사람

일상—부활을 살다

2015년 3월 2일 초판 1쇄 발행
2023년 3월 6일 초판 7쇄 발행

지은이 유진 피터슨
옮긴이 권연경
펴낸이 박종현

(주) 복 있는 사람
주소 서울특별시 마포구 연남동 246-21(성미산로23길 26-6)
전화 02-723-7183(편집), 7734(영업·마케팅)
팩스 02-723-7184
이메일 hismessage@naver.com
등록 1998년 1월 19일 제1-2280호

ISBN 978-89-6360-151-9 03230

이 도서의 국립중앙도서관 출판예정도서목록(CIP)은
서지정보유통지원시스템 홈페이지(http://seoji.nl.go.kr)와 국가자료공동목록시스템
(http://www.nl.go.kr/kolisnet)에서 이용하실 수 있습니다. (CIP제어번호 : 2015004981)

차
례

일러두기
본서의 성경은 '개역개정'과 유진 피터슨의 『메시지』를 함께 사용했다.

"우리는 매일의 삶 가운데 부활의 감격과 의미를 온전히 누리며 살고 있는가?" 이 책은 그리스도 부활이 우리의 현실 속에 만들어 내는 깊고 넓은 파장을 포착하려는 집요한 노력의 결과물이다. 이미 잘 알려진 것처럼, 저자 유진 피터슨은 기독교 영성을 일상의 언어로 풀어내는 데 탁월한 능력을 가진 영성 신학자요, 풍부한 감수성과 기민한 언어 감각을 가진 시인이며, 절망하여 주저앉은 사역자를 다시 일으켜 세우는 '목회자들의 목회자'다. 많은 이들이 그의 이름에서 영성과 일상이라는 두 단어를 동시에 떠올리는데, 국내에 소개된 그의 저서들 대부분이 기독교적 영성이 우리의 일상 속에서 어떤 모습으로 드러날 것인가를 밝히려는 노력이기 때문이다. 잘 알려진 저서의 제목처럼, 저술가로서 유진 피터슨의 일관된 관심은 "현실에 뿌리박은 영성"의 모양새를 찾아내고 이를 독자들과 함께 나누는 것이다.

부활에 뿌리박은 영성

영성에 대한 항간의 관심은 이중적이다. 한편으로 보다 성숙한 그리스
도인이고자 하는 열망을 표현하면서도, 동시에 복음의 적나라한 선포에
대한 주저함도 묻어난다. 그러기에 그 자체로는 긍정적인 이런 관심 속
에는 세상을 고치고 구원하는 하나님의 역동적이고 전 우주적인 복음을
정숙주의적이고 사적인 관심으로 변질시킬 위험성 또한 존재한다. 저자
는 이런 경향에 깊은 우려를 표하며, 영성에 대한 우리의 관심이 실천적
'영성 형성'으로 이어지기를 바란다. 그가 말하는 영성 형성이란 "마음
의 태도나 습관을 훈련함으로써, 그저 하나의 희망사항, 욕구, 공상 혹은
기분전환 거리에 지나지 않던 영성이라는 말을 하나님의 영광을 위한
실제적 삶으로 바꾸어 가는 과정"을 의미한다. 다시 말해, 영성이란 우
리가 마음으로 어루만지며 위로받을 수 있는 하나의 심리적 태도가 아
니라, 우리가 일상에서 표현해야 할 구체적 삶의 방식이다. 이런 실천적
영성을 통해 교회는 "세상의 중심을 바로잡는" 하나님의 도구가 된다.
그렇다. 하나님의 구원이 실제적인 만큼, 그 일에 동참하는 우리의 노력
역시 일상의 땀을 통할 수밖에 없다. 뒤집어 말하면, 이런 실천적 영성이
갖추어지지 못할 때 교회는 아무런 쓸모가 없어 밖에 버려지는 소금과
같은 운명이 되고 말 것이다. 이 책에서 유진 피터슨은 이런 실천적 영
성의 열쇠가 다름 아닌 부활이라고 말한다. 기독교적 영성이란 애초부
터 "부활에 뿌리박은 영성"인 것이다.

부활이 사라진 교회?

다시 말하지만, 이 책은 부활에 관한 것이다. 부활이라는 복음의 주제가 현실에 뿌리박은 영성을 갖추는 데 어떤 의미가 있는지를 탐구하는 것이 이 책의 의도도 보다 정확히 말하면, 이 책에서 저자는 일상에 뿌리를 내린 기독교적 영성이 왜 부활을 중심으로 한 것일 수밖에 없는지 보여주려 한다. 영성에 있어 부활의 위치를 확인하는 정도가 아니라, 기독교적 영성이 애초부터 부활의 토대 위에서만 가능하다는 사실을 밝히려는 것이다. 이 책의 제목이 말해 주는 것처럼, 우리의 일상에 유효한 기독교적 영성이란 애초부터 "부활을 살아가는" 것을 의미한다.

많은 이들은 이런 시도를 의아하게 여길 것이다. 부활 자체가 우리 신앙적 의식과 삶의 변두리에 머물 때가 많기 때문이다. 물론 우리가 부활 자체를 무시하는 것은 아니다. 대부분 신자들은 예수의 부활을 굳게 믿는다. 일견 터무니없는 주장이지만, 예수 부활의 역사성을 부인하는 신자들은 거의 없다. 하지만 그게 전부다. "예수께서 부활하셨다"고 고백하고 나면, 더 이상 할 말이 없다. 부활의 역사성은 굳게 믿지만, 정작 이 부활이 우리 구원의 드라마에서 어떤 역할을 하는지는 잘 모른다. 십자가의 중요성은 잘 안다. 하나님이 세상을 이처럼 사랑하셔서 독생자를 보내 주셨다. 십자가는 이 예수께서 우리의 죄를 대신하여 돌아가신 대속적 죽음이요, 우리의 죄가 용서되고 우리가 하나님 앞에서 의롭다 인정받게 되는 유일무이한 근거다. 맞는 이야기다. 십자가는 기독교 복음의 중심 중 중심이다. 그래서 우리는 늘 십자가를 노래하며 거기 드러난 하나님의 사랑에, 그분의 무조건적 은혜에 감격한다. 하지만 부활은 다르다. 나의 구원을 위해 왜 꼭 부활이 있어야 하는지 설명하기가 어렵다. 십자가의 의미는 분명한데, 부활의 신학적 의미는 무엇이냐고 묻는 사람이 적지 않다. 부활에 대한 많은 신자들의 느낌은 이미 그림이 다 완성되었는데도 덩그러니 남아 있는 퍼즐 조각 하나를 볼 때와 비슷하다. 이 조각 역시 복음의 일부여야 하지만, 실제로 내가 믿는 복음 속에는 딱히 들어갈 자리가 없는 그런 당혹감이다. 그래서 많은 신자들에게 부활이란, 복음의 드라마에서 없어서는 안 될 핵심적 장면이라기보다는 십자가에서 절정을 찍은 드라마를 그럴듯하게 매듭짓는 "마지막 회" 정도에 머문다. 모든 중요한 일은 십자가에서 이미 다 벌어졌고, 며칠 뒤 발생한 부활은 이 십자가의 중대함을 확인하는 절차에 불과한 것이다.

우리의 복음 속에서 부활이 차지하는 애매한 자리는 부활절에 대한 우리의 태도에서도 여실히 드러난다. 어릴 적 성탄절은 일찍부터 설레며 준비하는 교회의 큰 명절이었다. 한 달 전부터 다양한 성탄 행사를 준비하고, 성탄 전야에는 늦은 시간까지 모여 즐겁게 놀았다. 새벽에는 온 동네를 누비며 새벽송을 하고, 성탄 예배 후에는 새벽송에서 모은 음식과 과자를 온 교인이 함께 나누며 즐거워했다. 한동안 치우지 않고 그대로 두던 성탄 트리처럼, 긴 여운이 남는 그런 명절이었다. 그래서 오랜 세월이 지난 지금까지도 흐뭇한 추억으로 남아 있다. 그런데 부활절은 사정이 다르다. 부활절 헌금을 챙기고, 평소보다 약간 더 들뜬 분위기로 부활절 찬송을 불렀던 것 말고는 달리 기억이 없다. 부활절 찬송도 딱 그 한 주뿐이었다. 십자가에 관한 찬송은 언제나 인기 만점이지만, 부활절 찬송은 한 주만 지나도 마치 한여름의 성탄 노래처럼 어색했다.

이처럼 부활은 우리의 복음 이해 속에서나 교회의 삶 속에서나 딱히 설 자리를 찾지 못해 서성이는 어색한 손님으로 남아 있다. 애초에 성경이 우리에게 가르치는 부활이 그런 것이었다면 군이 거론할 필요가 없을 것이다. 부활이 없는 복음을 믿든지 말든지 하면 될 것이기 때문이다. 하지만 그렇지 않다. 교회가 경험하고 선포한 최초의 복음 속에서 부활은 십자가만큼이나, 아니 어떤 면에서는 십자가보다 더 중요한 복음의 주제였다. "부활절 공동체"^{Easter Community}라는 표현이 말해 주는 것처럼, 역사적으로나 신학적으로나 부활은 복음을 복음으로, 교회를 교회로 만드는 가장 결정적인 요소였다. 그러기에 부활을 무시한 채 신자가 될 수 있다고 말한다면, 이는 자신의 신앙이 성경의 복음으로부터 상당히 멀다는 말과 같다. 사태를 제대로 깨닫는다면, 위기도 이런 위기가 없다. 멋진 집 앞에서 열쇠를 잃은 셈이고, 적 앞에서 실탄 없는 총을 겨누는 셈이기 때문이다. 다시 말해, 제대로 된 영성을 갖추려는 우리의 시도가 헛발질이 되는 이유는, 그 영성의 기초인 우리의 복음 자체에 부활이라는 기둥이 없기 때문이다.

이런 우리의 현실은 부활에 관한 유진 피터슨의 묵상을 더욱 요긴한 것으로 만든다. 그는 일상과 유리된 영성의 공허함이 부활 없는 복음의 필연적 결과라는 사실을 잘 안다. 존재하지도 않는 부활을 살아갈 수는 없다. 그래서 이 책에서 그는 부활 이야기로 우리의 관심을 끌고 간다. 실천적 영성의 참된 토대인 부활을 다시 생각해 보고, 그 부활에 대한 우리의 놀라움을 되찾음으로써 우리 영성에 생기를 불어넣고자 하는 것이다. 이는 화려한 영적 언어와 예식과 물량적 존재감 배후로 극심한 영적 도덕적 무기력에 시달리는 우리 교회에 가장 시급한 필요 중 하나다. 실탄 없는 공허한 영성에 부활의 생명이라는 실탄을 장전하는 일이기 때문이다.

부활을 통해 새롭게 만나는 하나님

이 책의 범위를 다소 벗어나지만, 이 책의 의도를 더 잘 이해하기 위해 부활 이야기를 좀 더 해보자. 바울이 역설하는 것처럼, 부활은 신학적 주제이기 이전에 하나의 놀라운 현실이었다[고전 15장]. 부활이 현실 아닌 하나의 상징이라면, 우리가 거기에 부여하는 의미 역시 하나의 (비현실적인) 희망사항에 불과할 것이다. 하지만 빈 무덤 이야기의 핵심은 예수께서 진정 살아나셨다는 것이다. 불가능한 일이 현실이 된 이 기적 같은 이야기는 또한 새로운 반전의 시작이었다. 바로 이 부활이라는 새로운 현실 혹은 새로운 일상의 충격 속에서 교회는 그 역동적 몸짓을 시작했던 것이다.

복음서 이야기들이 잘 말해 주듯, 물론 부활과 마주하는 일은 쉽지 않다. 부활은 우리의 세계 속에서 깨달을 수 있는 이야기가 아니기 때문이다. 누가복음은 제자들이 부활하신 예수를 인식하지 못한 것은 그들의 "눈이 가려져" 있었기 때문이라고 말한다[눅 24:16]. 우리는 이 "눈"을 우리의 표현으로 "세계관"이라 부를 수 있다. 그들이 살아가는 세계에서 죽은 자의 부활은 있을 수 없는 일이었다. 물론 그들은 창조주 하나님을 믿는 유대인들이었고 부활의 소망을 가진 자들이지만, "지금 여기서" 죽은 자가 살아난다고 생각하지는 않았다. 부활하신 예수께서는 그런 이들을 "어리석은" 사람들, 곧 "선지자들이 말한 모든 것을 마음에 더디 믿는 자들"이라 꾸짖는다.^{눅 24:25} 여기서 선지자들의 말은 "모세와 모든 선지자의 글"이라는 표현이 말해 주듯^{눅 24:27} 당시 유대인들이 하나님의 말씀으로 믿었던 (구약) 성경 전체를 가리킨다. 이 성경은 하나님의 메시아, 곧 "그리스도가 이런 고난을 받고 자기의 영광에 들어가야 할 것"이라고 이야기한다.^{눅 24:26} "이런 고난"이란, 제자들이 경험했던 예수의 죽음이다. "자기 영광"은 당연히 부활을 가리킨다. 다시 말해, 이스라엘이 읽어 온 성경 속에 이미 메시아가 죽고 부활할 것이라는 사실이 예고된 것이다. 따라서 성경을 아는 제자들이 예수를 메시아로 믿었다면, 그분께서 성경대로 고난을 당한 후 다시 살아날 것을 기대해야 했다. 그분의 죽음에 당황하지도 말고 또 그 죽음이 마지막인 양 절망하지도 말았어야 했다. 오히려 그들은 메시아의 부활을 기다렸어야 했고, 부활하신 예수께서 나타나셨을 때 그분을 알아보았어야 했다. 하지만 그들은 예수를 알아보지 못했다. 그들의 세계관 속에 죽은 자의 부활은 존재하지 않았다.

엠마오로 가는 여정의 대부분은 부활하신 예수께서 자신에 관한 성경의 예언을 풀어 설명하는 것으로 채워진다. 부활하신 예수와 더불어 그들은 지금껏 읽어 왔던 성경을 다시 읽으며 메시아의 죽음과 부활이 하나님의 오랜 약속이었음을 새롭게 발견한다. 이렇게 예수의 가르침을 통해 마음에 "불이 지펴진" 제자들은 예수와 함께 음식을 나누며 부활하신 그분을 알아보고, 그 길로 다시 예루살렘으로 돌아가 다른 제자들과 합류한다. 이후 예수께서 예루살렘에 모인 제자들에게 다시 나타나신다. 이전과는 다르지만 여전히 불신의 분위기가 역력하자, 예수께서 그들의 마음의 불신을 가볍게 질책한다[눅 24:38]. 그러고는 그분께서 오래전부터 가르쳤던 사실, 곧 "모세의 율법과 선지자의 글과 시편에 나를 가리켜 기록된 모든 것이 이루어져야" 한다는 사실을 되새기며[눅 24:44], 자신의 죽음과 부활이 바로 이 약속의 성취라는 사실을 확인한다. 이렇게 예수께서는 그들의 "마음을 열어 성경을 깨닫게" 하셨다[눅 24:45]. 여기서 "마음"은 심장을 가리키는 것이 아니라, 우리의 지성 혹은 생각을 의미한다. 16절의 "눈"과 같이 우리의 사고방식 곧 우리의 세계관을 가리킨다. 다시 말해, "마음을 열었다"는 것은 메시아의 수난과 부활이 들어 있지 않던 그들의 세계관을 깨뜨려 새로운 생각을 갖게 했다는 이야기다. 곧 성경에 기록된 메시아의 수난과 부활을 알아채고 이를 믿을 수 있는 세계관을 심어 주셨다는 이야기다. 이것이 바로 부활이 우리에게 가하는 충격이다. 유진 피터슨이 이 책에서 쓴 표현을 빌리면, 부활의 "경이"와 "두려움"이다.

부활의 하나님 깨닫기

제자들에게 있어 살아나신 예수를 만나는 것, 그리고 이것이 바로 하나님께서 성경에 약속하신 것임을 깨닫는 것은 하나님을 새롭게 만나는 경험이었다. "예수께서 살아나셨다"는 깨달음은 바로 "하나님은 죽은 자를 살리시는 분"이시라는 깨달음이기도 했다. 어떤 점에서 이는 오랜 신학적 상식이기도 하지만, 사실은 그들의 신앙과 삶의 중심으로 파고

들지 못한 지식이었다. 나사렛 예수의 부활과 더불어 하나님은 "죽은 자를 살리시는 분"으로 새롭게 자신을 드러내셨다. 또한 예수의 부활은 하나님께서 시작하시는 새로운 역사의 신호탄이었다. 바로 이것이 복음이다. 곧 하나님께서 예수의 죽음과 부활을 통해 새로운 생명을 창조하시며 자기 백성을 회복하신다는 깨달음이다.

영성을 성경의 언어로 바꾸면 믿음이 된다. 우리는 예수 그리스도를 믿는다. 혹은 예수 그리스도를 죽은 자 가운데서 살리신 하나님을 믿는다. 바울은 바로 이것이 "하나님을 믿는" 일의 본질이라고 말한다. 아브라함이 믿었던 하나님은 "죽은 자를 살리시며 없는 것을 있는 것으로 부르시는" 분이시다 롬 4:17. 그리고 우리는 "예수 우리 주를 죽은 자 가운데서 살리신" 분을 믿는다 롬 4:24. 우리가 하나님을 믿는 것은 그분만이 죽음에서 생명을 창조하는 능력을 가지신 분이기 때문이다. 바로 이 생명의 능력이 복음의 핵심이다. 예수 우리 주를 죽은 자 가운데서 살리신 하나님께서 그 영광스런 능력으로 우리의 죽을 몸 또한 살리실 것을 기대하는 것이다. 그래서 바울은 복음을 "하나님의 능력"이라 정의했다 롬 1:16, 고전 1:18, 24.

물론 우리 몸의 부활은 미래에 속한다. 하지만 이 미래는 마른하늘의 날벼락처럼 주어지지 않는다. 부활이라는 소망의 나무는 오늘 우리가 살아가는 현실의 토양에 깊은 뿌리를 내린다. 혹은 우리가 살아가는 일상의 밭에 장차 수확할 부활의 씨를 뿌린다. 물론 이 현실은 그리스도의 부활에 의해 새롭게 조성된, 부활하신 예수께서 온 세상의 주로 다스리는 변화된 현실이다. 혹은 예수를 죽은 자 가운데서 살리신 하나님의 놀라운 능력이 믿는 자들의 삶 속에서 역사하고 그들을 인도하는 현실이다^{엡 1:15-23}. 우리의 삶은 바로 이 예수의 부활에 대한 믿음과, 부활의 하나님께서 그리스도 안에서 우리를 찾아오시고 마침내 우리를 영광스런 부활에까지 인도하시리라는 믿음에서 시작한다.

당연히 바울의 관심은 이 부활의 능력이 어떻게 우리 믿는 자들의 삶 속에서 역사하는가에 집중되어 있다. 다시 말해, 바울의 편지들은 "우리를 의롭다 하시기 위하여 살아나신"^{롬 4:25} 예수께서 성도들의 공동체적 혹은 일상의 삶 속에서 어떤 의미를 갖는지 해명하려는 노력의 산물이다. 예수의 부활은 물론 미래 우리 부활의 근거가 되는 것이지만, 이 부활의 능력은 현재 우리에게 새 생명, 혹은 새로운 삶의 능력으로 역사한다. 그리스도의 죽음이 우리를 죄에서 끊어 놓는 것처럼, 그분의 부활은 우리로 하여금 하나님과 새로운 관계를 맺게 한다. 바로 이것이 구원의 관건이었다. 죄로 죽은 우리를 건지신다는 점에서 하나님의 구원은 "전에 지은 죄를 간과"하는 단계를 거치겠지만^{롬 3:25}, 이러한 용서의 사건은 동시에 우리를 새롭게 하는 "부활"의 과정을 포함한다^{롬 6:1-11}. 그리스도의 부활이 하나의 사상이 아니라 역사적 현실이었던 것처럼, 이 부활에 대한 우리의 참여 역시 교리적 신념을 넘어서는 실제적 현실이다. 부활을 망각하는 것은 복음을 잃는 것이다. 구원의 능력을 말하지 않는 복음은 복음일 수 없기 때문이다. 그래서 바울은 그의 성도들이 "하나님을 알게 해" 달라고 기도한다^{엡 1:17}. 하나님은 "죽은 자를 살리시는" 하나님이심을, 죽음이 지배하는 우리의 일상에 새로운 생명을 불어넣으시는 하나님이심을 깨닫게 해달라는 기도다.

부활 경험하기

그런 점에서 이 책은 바울이 그의 성도들을 위해 기울였던 노력과 같은 노력의 연속이다. 이천 년 전 바울이 죽은 자를 살리시는 하나님의 능력을 알게 해달라고 기도했던 것처럼, 유진 피터슨은 우리가 다시 한 번 부활의 경이에 직면하도록 인도한다. 처음으로 빈 무덤에 당혹하고 살아나신 예수 앞에 놀랐던 사람들의 이야기를 상세하게 더듬으며 따라가면서, 우리 역시 부활이라는 그 놀라운 현실에 직면하도록, 그리고 그 달라진 현실에 기초하여 새로 살아가는 법을 연습하도록 돕는다. 저자 자신도 잘 알다시피, 어쩌면 이는 예수의 부활을 인정하는 것보다 더 받아들이기 어려운 과제일지도 모른다. 예수께서 다시 살아나셨다고 고백하는 일보다 나의 삶 역시 이 부활의 현실에 의해 새롭게 될 것을 믿는 일이 더 힘들다. 내 삶의 장애물을 극복하실 수 있는 하나님, 내 삶의 불가능성을 현실로 바꾸실 수 있는 하나님을 믿어야 하기 때문이다. 그래서 저자는 우리의 믿음을 짓누르고 "부활을 해체하는" 이런 일상의 위력에 대해서도 세심한 관심을 기울인다. 그러나 우리의 현실이 주는 무게와 절망감은 복음의 음성이 들리는 마당이기도 하다. 복음이란 애초부터 "죄가 가득한 곳에 은혜가 더 흘러넘치는" 이야기이기 때문이다^{롬 5:20}.

이 책의 내용

이 책의 전모를 미리 가늠하는 의미에서 전체 내용을 간략히 소개할까 한다. 1장은 부활의 경이로움 혹은 두려움에 관한 이야기다. 새로운 영

성의 출발점은 부활이라는 초월적이고 갑작스런 현실에 대한 놀라움이
다. 이런 단순하지만 중요한 사실은 영성에 대한 관심을 설명이나 조작
혹은 통제의 수준으로 축소하려는 오만한 시도들의 무익함을 폭로한다.
더 나아가 저자는 부활의 경이를 간직하고 경험하는 중요한 방식의 하
나로 안식의 실천을 제안한다. 우리 삶의 흐름 속에 안식의 공간을 확보
함으로써, 우리는 폭압적인 현실의 고리를 끊고 부활의 현실을 다시 우
리 삶의 중심으로 가져올 수 있다.

2장은 영성 형성의 일상적 터전에서 벗어나 이를 비밀스럽고 황홀
하며 에로틱한 것으로 둔갑시키려는 경향에 대한 경고다. 여기서 저자
는 부활의 식사, 곧 예수께서 식탁의 주인이 되셨던 엠마오에서의 저녁
식사와 갈릴리 바닷가에서의 아침 식사에 관심을 기울인다. 그리고 이
는 주의 만찬이라는 주제와 연결된다. 물론 식사는 그 무엇보다 일상적
인 우리 삶의 일부다. 바로 이 일상적 행위가 부활 체험의 핵심적 자리
였다.

3장은 '부활의 친구들'이라는 제목을 달고 있다. 여기서 핵심어는
"친구들"인데, 이것은 현대 문화를 지배하는 전문가 의존적 경향 및 그
로 인해 야기되는 "부활절 공동체"의 해체에 대한 경고다. 영성 형성은
식사만큼이나 일상적이면서 중요한 행위다. 그런데 이런 일에도 전문가
의 도움이 있어야 한다는 거짓말은 우리를 영성 형성의 수동적 방관자
로 만들어 버린다. 하지만 정작 부활은 우리의 직접적 개입을 요구한다.
최초의 부활 이야기들이 말해 주듯, 부활의 체험에 필요한 것은 우리 비
전문가(평신도)를 도울 전문가들이 아니라, 더불어 부활에 놀라고 함께

그 현실을 살아갈 동료요 "친구들"이다. 그리고 공동체적 문맥에서 이런 부활의 정체성을 확인하는 중요한 수단의 하나로 거룩한 세례가 다루어진다.

이 책이 처음 번역, 출판되었을 때는 1907년 평양대부흥운동 100주년을 기념하며 그때의 부흥을 목청껏 그리워하던 시절이었다. 하지만 그 목소리에는 초점이 없었다. 우리가 그토록 바라던 것은 무엇이었던가? 우리 삶을 뒤흔들며 새로운 삶의 역사를 일구어 내는 능력인가? 아니면 수단이야 어쨌든 과거의 대대적인 "부흥"이 재현되는 것인가? 부흥을 고대했지만, 거기에는 회개와 새 생명의 능력, 곧 죽은 자를 살리며 없는 것을 있는 것처럼 부르시는 하나님의 능력이라는 초점이 보이지 않았다. 애초에 무슨 결과를 기대할 수 없는 헛발질이었던 셈이다. 구원 역사의 미래가 그리스도의 부활에 달려 있었던 것처럼, 우리 한국교회의 미래 역시 부활 복음의 부활 여부에 달려 있다. 사도 바울의 기도처럼, 예수 그리스도의 부활에 역사했던 그 능력이 우리 믿는 자들 속에서도 역사한다는 사실을 깨닫는 일, 그 능력의 움직임 속에 우리의 삶을 맡기는 헌신의 행보, 바로 거기에 우리의 미래가 달려 있다.

시간이 흘렀지만, 그때나 지금이나 나의 바람은 동일하다. 나는 부활에 관한 한, 성숙한 "친구"의 깊은 묵상과 조언이 우리들의 삶에 역사하는 부활의 능력을 다시 일깨우는 작은 도구가 되기를, 그리하여 한국교회가 부활의 정체성을 회복하는 일에 그 나름의 섬김을 감당할 수 있게 되기를 바란다. 이 책의 번역원고를 다시 꼼꼼히 살피고 손질하며 마

무리하기까지 여러 모로 배려해 준 사랑하는 아내에게, 그리고 새롭게
멋진 책으로 만들어 준 복 있는 사람 식구들에게, 특별히 나의 부족함을
잘 견뎌 준 문준호 편집자에게 감사의 마음을 전한다. 이전 책 옮긴이의
글에서 나는 "자신의 연약함 속에서도 오래 참는 사랑의 모범을 보여주
며 부활의 능력에 대한 실물교육을 시켜 준 한 사랑하는 친구"에게 감
사했다. 더 감사하게도, 그 친구는 지금도 멋진 신앙의 삶을 이어 가며
나를 향한 실물교육을 계속하고 있다. 비록 자신은 내가 자기를 가르치
고 있다고 생각하겠지만.

2015년 2월
권연경

"나는 몸의 부활을 믿습니다." 사도신경의 이 확언, 정통 기독교의 주춧
돌인 이 문구는 우리 신앙의 두 핵심 기둥인 성육신과 부활을 잘 포착하
고 있다. 크리스마스 날 예수께서 입고 오신 육신은 승천하신 날 사라지
지 않았다. 예수께서는 이 세상에서의 일은 이제 끝났다며 육체적 존재
에서 영적인 존재로 형태 변형을 일으키지 않으셨다. 처음부터 그리스
도의 몸은 하나님의 창조, 하나님의 계시, 하나님의 구원의 모든 세세한
것에 밀접하게 관련되어 있었다. 지금도 그 몸은 아버지의 오른편에 앉
아 다스리고, 기도하며, 준비하고 있다. 예수께서는 베들레헴에서 태어
나셨던 그때처럼 육체적으로 생생하게 살아 계신다.

　　믿음의 삶이란 몸으로 구현되지 않으면 쓸모가 없기에, 우리는 몸
으로 그 삶을 살아야 한다. 예수의 몸은 지금은 천국으로 돌아가 있지만,
그리스도의 몸은 교회를 통해 존재하고 있다. 예수의 육체적 현존을 보

여주면서 그리스도인들은 이곳 지구라는 행성에 굳건히 발을 디딘 채 평범한 일상 속에서 그 삶을 추구한다. (그리스도의 영이신) 성령께서는 세례 받은 사람들 안에 머물면서 과거와 현재와 미래의 모든 것을 신비롭게 한곳으로 수렴시키고 계신다. 그리고 그 실재를 우리는 성찬이라는 성례를 통해 기념한다. "그리스도는 죽으셨고, 부활하셨으며, 다시 오실 것이다." 그러나 지금은 당신과 나와 같은 사람들 속에 살아 계신다.

그리스도의 성육신과 부활을 산다는 것은 제자도라는 동전의 양면이다. 그것은 우리의 필멸성과 불멸성의 연합이다. 그 어느 것도 제외되지 않는다.

내 인생에서 아버지와 함께했던 그 마지막 날들에 비할 만한 선물이 별로 없다. 아버지가 처음 호스피스 치료를 받으러 들어가시던 날, 나는 다음의 세 가지를 이야기하면서 아버지의 현재 상태를 요약해 드렸다.

1. 아버지는 깊이 사랑받고 계십니다.
2. 저희가 아버지를 잘 돌봐 드릴 것입니다.
3. 아버지의 남은 생애는 이제 몇 달, 몇 년이 아니라 며칠, 몇 주로 헤아려질 것입니다.

죽음이 머지않았는데 기분이 어떠시냐고 묻자, 아버지는 특유의 사려 깊은 짧은 침묵 후에 말씀하셨다. "좋구나." 실제로 아버지는 그 좋은 기분을 유지하셨다. 아버지는 남은 날들을 가족과 친구들의 방문을 즐거

위하고, 버터 피칸 아이스크림으로 마지막 만찬을 즐기고, 하늘과 땅의 문지방 저편에 있는 사람들(천사들?)과 교류하면서 흔치 않은 기쁨 가운데 보내셨다. 아마도 문지방 저편의 존재들은 아버지를 낙원으로 맞아들일 준비를 하고 있었으리라 생각한다. 그 결과, 나는 지금 그 어느 때보다도 몸의 부활을 믿는다. 아버지의 죽음은 아버지의 삶만큼이나, 이제 아버지가 온전히 유업으로 받으신 그 부활에 대한 강력한 증거였다.

아버지의 장례는 대중에게 공개되었지만[1], 그 후 무덤 곁에서 짧게 드린 예배는 가족들만 참여하는 친밀한 시간이었다. 마지막 인사를 하기 위해 아버지의 관 주변으로 둘러서면서, "흙에서 흙으로, 재에서 재로, 먼지에서 먼지로"라는 선언이 있기 전에 아버지의 목소리를 마지막으로 한 번 더 듣는 것이 좋을 것 같았다. 그래서 몬태나의 콘래드 메모리얼 묘지의 잔디 언덕에서 나는 아버지가 마지막으로 쓰신 책 중 하나인 회고록에서 다음의 글을 읽었다.

부활은 우리가 묻히거나 화장된 이후의 일하고만 상관있는 것이 아니다. 물론 그것과 상관이 있지만, 무엇보다도 부활은 우리가 지금 사는 방식과 상관이 있다. 그러나 칼 바르트가 간결한 말로 상기시켜 주는 것처럼, "무덤이 있어야 부활이 있다." 우리는 자기 마음대로 살려는 의지를 포기함으로써 죽음을 연습한다. 그러한 포기를 통해서만 우리는 부활을 살 수 있다.[2]

이후 우리는 묘지를 떠나 수백 명의 친구들이 함께하는 근처의 연회 장소로 이동했다. 우리는 서로 이야기를 주고받았다. 우리는 함께 먹고 마셨다. 우리는 주체하기 힘든 슬픔과 감사 넘치는 경이를 오가는 감정의 교차를 느꼈다. 다시 말해, 죽음 직후 우리는 부활을 살고 계신 아버지와 함께했다.

2019년 오순절
에릭 유진 피터슨

• 서문 번역. 양혜원

1.
부활의 경이

여자들은 크게 놀라고 기쁨에 겨워, 한시도 지체하지 않고 무덤을 떠났다. 그들은 제자들에게 전하려고 달려갔다. 그때 예수께서 그들을 만나셔서, 그들을 멈추어 세우고 말씀하셨다. "잘 있었느냐?" 여자들은 무릎을 꿇고 그분의 발을 붙잡고 경배했다. 마태복음 28:8-9, 메시지

오래전 빌리 선데이$^{Billy\ Sunday}$라는 부흥사가 가장 이상적인 그리스도인의 인생에 관해 말한 적이 있다. 나는 그 말이 언제나 마음에 들었다. 빌리 선데이는 당대 미국 대중 복음전도자 중 단연 최고였다. 백 년 전 그는 부흥사다운 특유의 쇼맨십으로 북미 전역을 누비고 다니며 엄청난 청중들을 끌어모았다. 야구 선수 출신답게 매일 밤 거대한 부흥집회 천막을 치고서 설교 강단을 마운드 삼아 강속구, 스크루볼, 너클볼 설교들을 멋지게 뿌려 대곤 했다. 그의 집회 천막에는 '톱밥의 길'이라는 것이 있었다. 천막 입구에서부터 빌리의 설교 강단까지 넓은 통로를 내고 그 위에 약 5센티미터 두께의 톱밥을 깔았는데, 이 톱밥은 건조할 때는 먼지를 막아 주고 비 오는 날에는 바닥이 진흙탕이 되는 것을 막는 역할을 했다. 한편 이 톱밥 길은 접이의자들이 줄줄이 늘어선 청중석에서 강단 바로 아래 놓인 제단으로 나오는 통로이기도 했다. 빌리 선데이는 설교가 끝날 무렵이면 언제나 그 유명한 "제단 초청"을 하였다. 그날 밤 집회에 참석한 청중들을 향해 자리에서 일어나 톱밥 길을 따라 제단으로 나오라고, 거기서 무릎을 꿇고 그리스도인이 되라고 초청하는 것이다. 이렇게 해서 "톱밥 길을 걷다"$^{hitting\ the\ sawdust}$라는 표현은 북미에서 회개와 회심을 나타내는 관용어가 되었다.

완벽한 공식

빌리 선데이가 "톱밥 길을 걷다"라는 말을 만들어 낸 장본인인지는 알 도리가 없지만, 어쨌든 그가 이 말을 유행시킨 것은 틀림없다. 사람들이 종종 말하는 것처럼, 그가 말한 이상적 그리스도인의 인생이란 바로 이런 것이다. "톱밥 길을 걸어 나와, 무릎을 꿇고 그리스도를 구주로 영접한다. 그러고 나서 텐트 밖으로 걸어 나가, 이름 모를 트럭에 치여 천국으로 직행한다."

이것이 천국 가는 가장 빠르고 쉬운 방법이라는 사실에는 의문의 여지가 없다. 물론 이 공식에는 실패의 위험도 거의 없다. 믿음을 버릴 염려도 없고, 신경을 건드리는 시험거리도 없으며, 붙들고 씨름해야 할 신앙적 회의도 없다. 받들어 섬길 배우자나, 참고 견뎌야 할 자식들이나, 사랑해야 할 원수들도 없다. 더 이상의 슬픔도 더 이상의 눈물도 없다. 한순간에 영원을 맛보게 되는 것이다.

빌리 선데이는 신앙 문제에 대해 북미 사람들이 통상적으로 보여주는 태도의 극단적인 예라 할 수 있다. 당장 얻어 내고 가능한 한 빨리 완성한다. 목표를 설정하고, 가장 경제적이고 효율적인 방법을 찾아 바로 일을 추진한다. 이런 식의 문화는 처음에는 늘 잘 먹히는 법이다. 우리는 멋진 목표들을 생각해 낸다. 하지만 실제 일이 진행되는 과정에는 내세울 만한 이야깃거리가 별로 없다. 혹 상황이 아주 잘못되면, 처음부터 새로 시작한다. 시작하는 일이야 언제나 우리가 잘하는 일이니까 말이다. 그것도 안 되면 목표나 비전 혹은 취지문을 다시 생각해 내면서 잠시라도 주변에서 일어나고 있는 상황으로부터 고개를 돌리려 한다.

교회가 무시해 온 것들

언젠가 교황 요한 바오로 2세가 제3세계 지도자들이 모인 자리에서 이런 말을 한 적이 있다. "서구의 국가들에게서 발전의 모델을 찾으려 하지 마십시오. 그들은 만들 줄만 알지 만든 것을 가지고 어떻게 살아야 하는지는 모릅니다. 그들은 고도의 기술을 갖게 되었지만, 정작 자녀 기르는 법은 잊어버린 사람들입니다."

　이것이 바로 이 책을 저술하게 된 배경이다. 이런저런 것들을 확보하고 만들어 내는 데 분주한 나머지, 정작 자신의 영혼에는 무관심한 것이 지금 우리의 문화적 현실이다. 영성 형성^{spiritual formation}, 곧 성령의 도움을 통해 "그리스도의 장성한 분량이 충만한 데까지 이르는"^{엡 4:13} 삶을 형성하는 일은 교회가 감당해야 할 큰 책임 가운데 하나다. 하지만 대부분 교회는 이러한 책임을 소홀히 여기고 있다. 영성을 위한 프로그램들은 차고 넘치지만, 대부분 다른 더 중요한 일들의 언저리에 놓이는 경우가 많다. 오히려 교회보다는 뉴에이지 영성이나 심리학적 자기계발 같은 세속적 흐름들이 영성 훈련에 더 많은 관심을 갖고 있는 것처럼 보인다. 하지만 영성에 대한 이 세상의 교사나 안내자들의 관심이 아무리 멋지다 해도, 이는 모두 예수 그리스도 없이 혹은 예수 그리스도를 가장자리에 남겨 둔 채 이루어지는 것들이다. 결과적으로 그들은 가장 중요한 요소, 곧 부활을 빠뜨리고 있다.

내가 굳게 믿는 바는, 교회야말로 하나님께서 세상의 중심을 바로 잡기 위해 이 세상 중심에 세워 놓으신 공동체라는 것이다. 우리는 이러한 중심 잡기의 한 중요한 차원을 영성 형성이라 부를 수 있다. 곧 일생에 걸쳐 우리 속에 그리스도의 생명을 형성해 가는 과정이다. 여기에는 우리가 처음 그리스도인이라는 새 신분을 발견하고 받아들인 순간부터 "어린 양의 혼인 잔치"^{계 19:9}에 앉을 때까지 벌어지는 모든 일들이 포함된다. 영성 형성이란 바로 그 마지막 때까지의 시간, 곧 제단 앞에 무릎을 꿇고 나서 이름 모를 트럭에 치일 때까지의 시간을 살아가는 방식에 관한 것이다.

내가 보기에 이것은 매우 시급한 사안에 속한다. 우리 주변의 문화가 영성 형성의 개념을 끊임없이 세속화시키고 있는 상황도 그렇지만, 무엇보다 내가 속하여 살아가고 글을 쓰며 가르치는 무대인 교회조차도 주변 문화와 대항하기는커녕 오히려 더 비슷해져 버렸기 때문이다. 오늘날 "영성"에 관한 관심은 대단하지만, 이런 관심이 그리스도 안에서의 영성 형성에 대한 관심과 함께 가는 경우는 거의 없다. 이는 사실 길고도 복잡한 매일매일의 노력을 필요로 하기 때문이다. 이런 의미에서 영성 형성이란, 마음의 태도나 습관을 훈련함으로써, 그저 하나의 희망 사항, 욕구, 공상 혹은 기분전환 거리에 지나지 않던 영성이라는 말을 하나님의 영광을 위한 실제적 삶으로 바꾸어 가는 과정을 말한다. 웬델 베리^{Wendell Berry}의 시에 나오는 "부활을 실천하다"라는 표현은 여기서 우리가 의도하는 바와 잘 맞아 떨어진다. 결론적으로 이 책은 예수의 부활에 닻을 내리고 있다.

부활이라는 중심을 회복하라

그리스도인의 삶은 부활에 의해 형성된 풍성한 전통을 바탕으로 한다. 시편에 나오는 멋진 표현처럼 우리가 "생명이 있는 땅에서 여호와 앞에 행하게"^{시 116:9} 되는 것은, 바로 그리스도의 부활이 이에 필요한 능력과 조건을 제공하기 때문이다. 그리스도 안에서 우리는 성령에 의해 새로운 피조물이 되는데, 이 새로운 실재를 형성하고 작동하게 하는 것이 바로 그리스도의 부활이다. 우리는 "네 스스로 하라"와 "네 힘으로 하라"는 말로 요약되는 북미식 문화에 너무 깊이 젖어 있고, 그래서 종종 가장 결정적인 요소라 할 수 있는 부활에조차 관심을 갖지 않는다. 우리가 부활에 관심이 없는 것은, 부활이란 어떤 목적에 이용하거나, 통제하거나, 주무르거나, 개선해 볼 수 있는 성격의 것이 아니기 때문이다. 크리스마스와 대조적으로, 부활절은 돈벌이의 기회나 팔아먹을 수 있는 상품으로 만드는 데도 거의 실패하고 있다. 흥미롭지 않은가? 우리는 소위 "어떻게 해보거나" "써먹을 수" 없는 것에 대해서는 금방 흥미를 잃어버린다. 과연 부활은 우리가 마음대로 써먹을 수 있는 어떤 것이 아니다. 전적으로 하나님께 속한 일이기 때문이다.

이 책을 통해 내가 시도하려는 것은 부활이라는 중심을 회복하고, 이 부활의 터전에서 자라나는 영성 형성의 전통을 받아들이는 것이다.

나는 예수의 부활이 갖는 세 측면을 차례로 다룰 것이다. 이것은 부활을 실천하는 삶에서 우리 자신이 어떤 존재인지를 말해 주고, 거기에 필요한 힘을 제공할 것이다. 그리고 예수의 부활이라는 실재와 조건에 근거를 둔 부활의 삶을 우리 문화에 널리 퍼진 일반적인 습관 및 전제들, 곧 부활을 의식하지 못하게 하거나 그냥 지나치게 만드는 것들과 비교해 볼 것이다. 나는 이것을 "부활의 해체"the deconstruction of resurrection라 부르고자 한다. 마지막으로, 어떻게 하면 부활의 삶을 살아갈 수 있을지 나름의 제안을 내놓을 것이다. 그것은 그리스도께서 살아 다스리시는 이 세상을 합당하고 책임 있는 모습으로 살아가는 길이 될 것이다.

경외감과 친밀감 모두 필요하다

우리가 읽는 사복음서는 모두 예수의 복음에 관한 기록을 예수의 부활에 관한 이야기로 끝맺고 있다. 부활로 이어지는 구체적인 과정이 저마다 다르고 부활 이야기에도 소소한 차이들이 있기는 하지만, 한 가지 공통된 점이 있다면 그것은 곧 경이로움, 충격, 놀라움의 요소다. 구약 성경 여기저기에 암시되어 있고, 또 세 번에 걸쳐 예수께서 명시적으로 언급하셨지만막 8:31, 9:31, 10:34, 막상 부활이 일어났을 때는 아무도, 정말 그 누구도 그것을 믿거나 기대하지 않았다. 예수의 부활 사건에 최초로 얽힌 이들은 모두가 예수의 죽음을 수습하는 일에 깊이 관여했던 사람들이었다. 그런데 상황이 완전히 바뀌어 죽음이 아닌 생명을 수습해야 하는 형편이니, 그들이 경이로움에 사로잡힌 것은 지극히 당연한 일이었다.

마태복음에 의하면, 일요일 아침 일찍 막달라 마리아와 "다른 마리아"가 무덤을 방문한다. 그들은 금요일 오후 늦게 아리마대 요셉이 십자가에 달리신 예수의 시신을 그 무덤 속에 넣는 것을 보았다 마 27:57-61. 무덤 가까이 이르자, 갑자기 지진이 일어나더니 그들이 선 땅이 흔들렸다. 이어서 빛이 번쩍였는데, 이는 다름 아닌 천사였다. 무덤을 지키던 로마 경비병들은 속수무책이었다. 그들은 잔뜩 겁에 질려 죽은 사람처럼 땅에 바짝 엎드렸다.

하지만 여인들은 그대로 서서 천사가 직접 그들에게 건네는 두 마디 말을 들었다. "무서워하지 말라"는 것과 "그가 살아나셨다"는 것이었다 마 28:5-6. 또한 천사들은 제자들에게 전할 메시지를 일러 주었다. 그들은 천사들이 시킨 대로 무덤을 떠났다. 놀라우면서도 기쁨에 겨워 제자들에게 이 소식을 전하기 위해 급히 달려갔다. 그런데 도중에 그들을 세우고 인사를 건네는 사람이 있었다. "잘 있었느냐?" 마 28:9, 메시지 그 인사에는 반가움이 묻어 있었다. 그들은 부활하신 예수 앞에 무릎을 꿇었다. 부활하신 그리스도 앞에 그들이 보인 첫 반응은 경외하는 마음으로 무릎을 꿇는 것이었다. 거기에는 어느 정도의 친밀감도 담겨 있었다. 그들이 감히 예수를 만지고 또 그분의 발을 붙잡았기 때문이다. 한마디로 그들은 그분께 "경배하였다" 마 28:9.

두 요소가 결합하여 예배가 된 것이다. 예수 앞에 무릎을 꿇는 경외감의 표현만으로 부활의 예배가 되는 것은 아니다. 예수를 만지고 그분의 발을 붙잡는 친밀감의 표현 자체도 부활 예배는 아니다. 경외감과 친밀감 모두 있어야 한다. 경외감이 차갑고 느낌 없는 감상에서 벗어나려면 친밀감이 깃들어야 한다. 친밀감 또한 끓어오르는 감정에 그치지 않으려면 경외감으로 채워져야 한다. 이 여인들은 자기들이 무엇을 하고 있는지 정확히 이해하고 있었다. 그들은 살아 계신 예수의 임재 앞에서 하나님을 체험하고 있었으며, 그래서 그분께 경배했던 것이다.

예수께서는 "무서워하지 말라"는 천사의 말을 반복함으로써 그들을 안심시키셨다. 또한 제자들에게 전할 소식도 말씀해 주셨다. 이것이 마태가 전하는 부활 이야기다.

로마 경비병들과 환희에 찬 두 여인 사이의 대조적인 모습은 내게 너무나 인상적으로 다가온다. 감각 없이 땅에 엎드린 채 두려움으로 사지가 굳어 버린 모습, 그리고 같은 자리에 무릎을 꿇고 두려움으로 인해 활기를 되찾은 모습을 한번 그려 보라. 두 그림 모두 **두려움**이라는 단어를 내포하고 있지만, 똑같은 두려움은 아니다. 전자가 하나님을 경험하지 못하도록 만드는 두려움이라면, 후자는 우리 자신, 우리의 감정, 우리의 상황에 대한 집착으로부터 벗어나 경이의 세계로 이끄는 두려움, 자신으로부터 하나님의 행위 한가운데로 우리를 이끌어 내는 두려움인 것이다.

삶을 뒤흔드는 놀라움

마가는 일요일 아침 무덤을 방문한 사람들의 목록에 마태가 언급한 두

명의 마리아 외에 살로메라는 여인을 추가하고 있다. 그리고 부활의 경
이로움을 더 강렬하게 만드는 몇몇 세부사항들을 덧붙인다^{막 16:1-8}. 마가
는 이 세 여인들이 무엇을 할지 미리 준비하고 왔다는 사실을 알려 준
다. 그것은 예수의 몸에 향료를 바르는 일이었다. 무덤 가까이 이르러 그
들은 한 가지 문제로 고심하게 된다. '어떻게 무덤 안으로 들어가 향료
를 바를 것인가?' 하는 것이었다. 무덤 입구는 아주 큰 돌로 막혀 있었는
데, 그 돌을 옮기기란 그들로서는 어림도 없는 일이었다. 그런데 막상 무
덤에 도착해 보니, 놀랍게도 돌이 한쪽으로 굴려져 있었다! 해결하기 어
려운 문제에 빠졌다고 생각하고 왔는데, 정작 도착해 보니 문제는 존재
하지도 않았다. 또한 그들은 매우 중요하고 요긴한 일을 할 것으로 기대
했는데, 정작 할 일이 아무것도 없었다.

그들의 놀라움은 무덤 안으로 들어갔을 때 증폭된다. 천사로 보이
는 한 청년이 여인들에게 무슨 말을 하기 위해 그곳에 앉아 있는 것이
보였고, 여인들은 "몹시 당황하여 놀란다"^{막 16:5, 메시지}. 누구인들 그러지 않
겠는가? 하지만 그 청년은 여인들을 안심시킨다. 그는 예수께서 다시 살
아나셨다는 사실을 말하고 제자들에게 전할 메시지를 알려 준다.

마가는 이처럼 투박하고 갑작스런 결말을 통해 이들 여인들이 느
낀 엄청난 놀라움을 더욱 강하게 드러낸다(마가복음의 주요 고대 사본들은 대
부분 8절에서 끝나는데, 저자 역시 이것을 전제하고 있다—옮긴이). 여인들은 "현기
증이 날 정도로 정신이 없었고, 너무 놀라서 아무한테도 말하지 못했다"
^{막 16:8, 메시지}. 부활의 경이란 바로 이런 것이 아니겠는가?

말씀이 현실이 되어

누가는 부활 기사의 첫 장면에 두 명의 마리아와 살로메 외에도 이름이
밝혀지지 않은 다른 여인들을 함께 등장시킨다[눅 24:1-12]. 이름이 밝혀지지
않은 이 여인들은 "갈릴리에서 그(예수)와 함께 온 여자들"이었다[눅 23:55].
이들은 그저 "여자들"로 불리기도 하고[눅 24:1] "다른 여자들"로 불리기도
한다[눅 24:10]. 누가는 또한 "요안나"라 불리는 여인도 소개하고 있다[눅 24:10].
이들은 장례를 위해 예수의 시신에 바를 장례용 향료를 손에 들고 나타
난다. 물론 시신은 보이지 않는다. 그들은 "어찌 된 영문인지 몰라 당황
하고"[눅 24:4, 메시지], 머리를 긁적이며 이리저리 둘러본다. "이상하다. 분명
이 무덤이 맞을 텐데?" 지난 금요일 저녁, 그들은 바로 그 자리에서 아리
마대 요셉이 예수의 시신 넣는 것을 똑똑히 보지 않았던가? 그들은 장
례용 향료와 향유를 준비하느라 토요일을 분주하게 보냈을 것이다. 다
시 말해, 그들은 자신들에게 너무나 소중했던 분의 죽음을 애도하고 마
지막 애정 어린 섬김을 표현하기 위해 오랜 시간의 준비를 마다하지 않
았던 것이다. 그런데 이런 일이 생기다니, 이게 도대체 어떻게 된 일일까?

그런데 바로 그때, 온몸에 광채가 나는 두 사람이 여인들 앞에 나타
난다. 그들은 천사들임에 틀림없다. 여인들은 겁에 질린 나머지, 엎드러
져 얼굴이 땅에 닿을 지경이 된다. 무덤 안에 선 두 사람은 그들을 안심
시키며 이렇게 말한다. "어째서 너희는 살아 계신 분을 무덤에서 찾고
있느냐? 그분은 여기 계시지 않고, 다시 살아나셨다. 너희가 갈릴리에
있을 때에, 그분께서 자기가 죄인들에게 넘겨져 십자가에서 죽임을 당하

고, 사흘 후에 살아나야 한다고 말씀하신 것을 기억하느냐?"[눅 24:5-7, 메시지]

　물론 여인들은 그 말씀을 분명히 들었고 기억하고 있었다. 하지만 그들은 자신들의 생애에 정말로 그런 일이 일어날 것이라고는 꿈에도 생각지 못했다. 어찌 보면 그들이 혼란스러워한 것은 전혀 이상한 일이 아니다. 하지만 당연한 듯 전해진 천사들의 말을 통해 그들은 엄연한 현실을 인식한다. 그들은 자신들이 다녔던 장소들, 곧 갈릴리의 그 길들, 나누었던 식사와 대화들을 생생하게 기억하고 있다. 그들이 겪었던 바로 얼마 전의 일들도 기억한다. 가슴이 미어지는 듯했던 예루살렘에서의 십자가 처형 말이다. 그들은 예수의 말씀 또한 기억한다. 자기들 귀로 똑똑히 들은 그 말씀을 어찌 잊을 수 있겠는가?

　여인들은 분명 기억하고 있다. 그들이 정신을 놓은 것이 아니므로, 곧 다시 제 발로 일어나 제자들에게 돌아가 그들에게 말할 것이다. 불행히도 지금 그들이 깨닫고 체험하고 있는 이것을 제자들에게 직접 보여 줄 길이 없다. 제자들은 그들의 이야기를 허무맹랑한 소리라 일축해 버린다. 제자들은 여인들이 하는 말을 하나도 믿지 않았다. 꾸며낸 이야기라고 여길 뿐이었다.

경이의 본질

사실 경이로움을 다른 사람에게 이해시키기란 쉬운 일이 아니다. 부활의 경이로움은 말할 것도 없다. 경이감이란 본디 불시에 우리를 사로잡는 것이어서, 어떤 예측이나 전제도 가능하지 않다. 그것은 미리 포장해 둘 수 있는 것이 아니며, 우리가 만들어 낼 수 있는 것도 아니다. 경이감에는 어느 정도의 현장감, 그리고 어느 정도 상황에 몰두해 있다는 느낌이 필요하다.

누가는 또 하나의 이야기를 덧붙인다. 이 부활의 경이로운 장면에 남성으로서는 처음으로 베드로를 등장시킨 것이다. 제자들이 한결같이 여인들의 말을 믿지 못하고 있는 상황에서, 누가는 베드로가 벌떡 일어나 무덤으로 달려갔다고 말한다. 그는 몸을 구부려 무덤 안을 들여다보고, 수의를 발견한다. 그것이 전부다. 그는 이상하게 여겨 고개를 저으며 걸어 나온다. 분명 이것은 소위 "말이 되는" 상황이 아니다. 아직까지는 아무도 이것을 제대로 설명할 수 없었다.

우리가 실재를 다루는 여러 방식 중에는 이해와 활용 두 가지가 있다. 이해한다는 것은 새로운 체험이나 지식의 단편을 우리가 이미 알고 있는 다른 모든 것들과 맞추어 파악한다는 것이다. 활용한다는 것은 새로운 경험이나 정보가 실제 삶 속에서 어떻게 쓰일 수 있고 어떻게 쓰여야 하는지 검증하는 것이다. 하지만 예수의 부활은 이 가운데 어느 것에도 해당되지 않는다. 이해와 활용은 경이로움과 경악과 놀라움에 의해 대치된다. 처음에 여인들이 그러했고, 다음에는 이들과 마찬가지로 자신이 목격한 상황에 당혹스러워하던 베드로가 그러했다.

사소해 보이지만 중요한 단서

요한은 종종 그렇듯이 다른 복음서 기자들과는 사뭇 다른 모습을 보여 주며요 20:1-19, 부활의 경이로움을 한 단계 더 끌어올린다. 그는 일요일 이른 아침 막달라 마리아가 무덤에 도착하는 장면에서 이야기를 시작한다. 마리아는 자신이 목격한 상황을 완전히 오해하고 만다. 무덤이 빈 것을 보고는, 어쩌면 당연하다 싶은 결론을 성급하게 내린 것이다. 누군가 예수의 시신을 훔쳐갔다는 것이다. 당시 무덤 도굴은 흔한 일이었고, 로마 제국이 이를 금지하는 칙령을 내릴 만큼 심각한 문제가 되고 있었다.[1] 마리아의 현실 인식은 전혀 흔들림이 없는 것처럼 보인다. 그녀는 증거를 관찰한 뒤 차분히 결론을 내릴 수 있었다. 도둑이 든 게 아니라면 도대체 무덤이 비어 있을 이유가 없지 않은가?

마리아는 이를 알리기 위해 베드로와 "다른 제자"에게 달려간다. 아마 요한이었을 것이다요 20:3. 이 두 사람은 즉시 일어나 무덤을 향해 달려간다. 그리고 무덤 안으로 들어간다(정작 마리아는 그렇게 하지 못했던 것 같다). 그들은 무덤이 정말 비었다는 것을 확인한 뒤 마리아와는 전혀 다른 결론을 내린다. 예수께서 부활하셨다는 것이다.

그들이 이런 결론에 이른 방식은 이랬다. 나중에야 분명해진 사실이지만, 요한은 사소해 보이지만 매우 중요한 단서 하나에 주목한다. 예수의 머리에 감았던 수건이 몸을 감싸고 있던 천들과 따로 놓여 있었다는 것이다. 그의 표현대로, "따로 가지런하게 개어져 있었다"요 20:7. 메시지. 요한은 특유의 탐정다운 명민함으로 도굴은 말이 되지 않는다고 추론

한다. 시체를 훔치는 자들이 수건을 일부러 풀었을 리는 없다. 설사 무슨 이상한 습성이 있어 수건을 풀었다 하더라도 차분하게 접어 한곳에 놓아두었으리라고는 상상하기 어렵다. 요한은 놀라울 만큼 침착한 논리로, 순간의 감정을 다스리며 그 한 가지 단서에 주목함으로써, 결국 사실로 밝혀지게 될 결론을 이끌어 냈다. 바로 부활이었다. 이 부활이라는 결론을 가지고, 요한과 베드로는 무덤을 떠났다.

랍오니여!

복음서 기자는 다시 마리아의 이야기로 돌아간다. 마리아는 베드로와 요한이 달리기 경주를 벌일 만큼 충격적이었던 소식을 전하고 나서, 여전히 예수의 시신이 도둑맞았다는 괴로운 생각에 사로잡혀 무덤으로 돌아간다. 무덤 바깥에서 그녀는 혼란과 고통 속에서 울고 있다. 그러다 무덤 안을 들여다보려고 무릎을 굽히던 중 두 천사를 발견한다. 그들은 다정한 태도로 마리아에게 왜 울고 있는지 묻는다. 마리아는 그 질문에 답을 한 뒤 뒤로 돌아선다. 얼핏 누군지 모를 한 남자를 보고는 동산지기일 것이라 짐작한다. 그 사람은 마리아에게 천사들과 같은 질문을 던지고, 마리아 역시 같은 말로 대답한다. 그러자 그가 그녀의 이름을 부른다. "마리아야!"요 20:16

마리아는 돌아서서 그를 쳐다본다. 눈에는 이미 눈물이 글썽인다. 마리아는 예수를 보고 "랍오니!" 하고 대답한다요 20:16. 랍오니Rabboni라는 단어에는 상대(랍비)를 향한 존경심과 사랑스런 친밀감이 함께 묻어 있다(아마 우리가 "사랑하는 선생님" 하고 말할 때 갖는 느낌과 비슷할 것이다).²

　제4복음서(요한복음)가 묘사하는 예수 부활의 첫 장면은 다른 복음서의 이야기들과 다소 차이가 있지만, 그 속에서 드러나는 경이로움은 조금도 뒤지지 않는다. 누가가 간략하게 언급한 베드로 외에 또 한 사람이 그 장면에 추가된다. 곧 "예수께서 사랑하시는 제자"다.ᵉ²¹:²⁰ 그는 예수의 사랑을 받았던 제자로, 아마 요한이었을 것이다. 이 두 사람이 이야기의 주요 인물로 등장한다. 그들의 이야기는 무덤에서 달려와 제자들을 놀라게 하고 다시 무덤으로 돌아가 상실감에 빠져 울먹이는 막달라 마리아를 중심으로 전개된다. 그녀가 전하는 놀라운 이야기는 그 유명한 베드로와 요한 간의 달리기 경주를 촉발시키고, 이 달리기는 부활에 관한 확실한 첫 깨달음으로 이어졌다. 달리기 경주가 끝난 뒤, 마리아의 눈물은 매우 친밀한 부활의 만남과 대화로 우리를 이끌고 간다. "마리아야!" "랍오니, 오 사랑하는 선생님!"

영성 형성은 통달할 수 있는 것이 아니다

부활에 관한 이 네 이야기를 읽고 묵상하노라면, 부활에 대한 경이감이 쌓여 가고, 그 의미를 더해 가는 것을 느낄 수 있다. 이 네 이야기들은 간결하고, 함축적이며, 매우 효과적으로 기술되어 있다. 여기서는 어떤 미사여구도 찾아볼 수 없다. 하지만 이처럼 철저하고 엄격한 서술로부터 몇 가지 분명한 사실이 드러나는데, 이것은 부활에 의한 영성 형성에 있어서 대단히 중요하다고 할 수 있는 것들이다.

첫째, 신약시대 무렵까지 이스라엘과 지중해, 그리고 고대 근동 지역에 부활에 대한 많은 "암시나 추측"이 있었지만, 정작 부활이 실제로 일어났을 때 이 사건에 가장 가까이 있고 가장 잘 준비되어 있던 사람들조차도 그것을 전혀 인식하지 못했다. 이것은 매우 중요한 사실이다. 왜냐하면 이는 우리가 부활에 의한 영성 형성을 속속들이 파악할 수 있는 입장이 아니라는 것을 말해 주기 때문이다. 부활은 우리에게 익숙한 것들, 예를 들면 정신 발달이나 도덕적 형이상학 같은 것들과는 아무런 연속성이나 유사성을 보여주지 않는다.

둘째, 실제 발생한 부활 사건을 사전에 준비한 사람은 아무도 없었다는 것이다. 부활을 유도하기 위한 어떤 준비도 없었다. 그 당시 부활 혹은 그와 유사한 어떤 사건을 기대하면서 메시아의 오심을 가장 부지런히 준비하고 있던 유대의 두 종교 세력들(바리새인과 에세네파)은 전혀 엉뚱한 방향을 바라보고 있었고, 따라서 부활은 완전히 놓쳐 버렸다. 부활에 관한 한 모든 사람들이 다 초보자다. 여기에 전문가란 있을 수 없다. 우리가 어떤 크고 중요한 일을 맡게 될 때, 그 일을 준비하고 계획하고 훈련을 받는 것은 자연스러운 일이다. 이렇게 보면 준비가 불가능하다는 사실이 마냥 마음 편한 일은 아니다. 영성 형성은 우리가 통달할 수 있는 것이 아니다. 조금이라도 우리 마음대로 할 수 있는 영역이 아닌 것이다.

셋째, 당시 사회의 주변적 인물들, 이번 경우에는 여인들이 부활을 깨닫고 이에 응답하는 일에 매우 두드러진 역할을 하고 있다는 점이다. 베드로나 요한처럼 공인된 지도자들이 배제되는 것은 아니지만, 부활의 핵심적 증인으로 네 부활 이야기 속에 모두 등장하는 인물은 예수의 첫 추종자들 중에서는 가장 주변적인 인물이었을 막달라 마리아다. 예수를 따르는 무리에 들기 전 그녀에 관해 알려진 사실이라고는 일곱 귀신 들렸다가 고침을 받았다는 사실뿐이다. "일곱 귀신"은 매우 방탕한 상태를 가리킬 수도 있고, 매우 심각한 정신병을 의미할 수도 있다. 실제 그녀의 상태가 둘 중 어느 것이었든, 그것이 가부장적 사회 속에서 여자라는 신분과 결합되었다면, 이는 그녀를 사회의 가장 변두리로 내몰고도 남았을 것이다.

사회적 지위와 명성을 중시하는 사회 속에 우리가 살고 있다는 사실을 생각하면, 이는 여간 당혹스러운 일이 아닐 수 없다. 부활에 기초한 우리의 영성 형성에 가장 중요한 역할을 하게 될 사람들은 사회에서 존중받지 못하는 부류, 곧 가난한 사람, 소수민족, 고통받는 사람, 배척받는 사람, 시인 혹은 아이와 같은 사람일 가능성이 많다.

넷째, 부활은 대중이나 구경꾼들 앞에서 시끌벅적하게 일어난 것이 아닌 조용한 가운데 일어났다는 것이다. 물론 그 안에 눈물, 달음박질, 놀람, 당혹감, 기쁨 같은 역동성과 감정이 개입되어 있지만, 그렇다고 외부 사람들의 시선을 사로잡을 만한 것이 있었던 것은 아니다(마태복음의 지진이 예외적이기는 하지만, 이 경우에도 그것을 보거나 여기에 영향받은 외부인은 지진 때문에 꿈쩍도 하지 못했던 로마 경비병들뿐이었다).

어린 시절 나는 트럼펫을 연주했다. 내가 자란 몬태나 주의 부활절은 언제나 겨울의 끝자락에 있었다. 우리는 부활절이면 항상 다섯 시, 다섯 시 반 혹은 여섯 시 무렵에 일어나 새벽 예배를 드리곤 했다. 그 새벽에는 모두가 나팔수를 원했다. 우리는 얼어 버린 트럼펫의 주둥이 때문에 얼얼해진 입술로 마을 근처의 언덕 같은 곳에 서서 실수투성이 연주로 트럼펫을 불었다. 하지만 중요한 것은 큰소리를 내는 것이었다. 부활이 중요한 만큼 우리는 이런 식으로 부활의 중요성을 온 세상에 알렸다. 하지만 우리 교회가 복음서의 부활 이야기를 보고 그런 생각을 한 것은 아니다.

뭔가 중요한 일이라면 공적으로 알리고 관심을 유도하는 우리의 오랜 관습에서 보면, 그리고 복음서에서 부활이 차지하는 중요성을 생각한다면, 부활 사건이 조용한 곳에서 많은 사람에게 알려지지 않은 채 일어났다는 것은 정말 놀라운 일이 아닐 수 없다. 다시 말해, 찬란한 불빛이나 성대한 차림은 영성 형성에 필요한 소품이 아니다.

초월과 다름의 체험

마지막으로 관찰할 수 있는 요소는 두려움이다. 두려움은 부활 기사에서 가장 빈번하게 언급되는 반응인데, 네 복음서의 부활 이야기에서 여섯 번씩이나 언급되고 있다. 우리는 갑자기 뜻밖의 일을 당하여 어찌할 바를 모를 때 두려움을 느낀다. 우리가 가진 전제나 가정들이 우리가 직면한 현실을 더 이상 설명해 주지 못할 때, 그리고 앞으로 일이 어떻게 전개될지 도저히 알 도리가 없을 때, 우리는 두려움을 느낀다. 아무런 사전 경고도 없이, 우리가 속한 현실이 우리가 예측한 수준을 넘어가거나 혹은 달라질 때, 우리는 두려움에 사로잡히는 것이다.

하지만 여섯 번이나 등장하는 이 두려움은 모두 히브리 문화와 히브리 성경의 전통을 배경으로 하고 있다. 이 전통 속에서 '두려움'이라는 말은 종종 단순히 무서워하는 것 이상의 의미를 갖는다. 다시 말해, 두려움이란 무서움과 함께 일어나는 온갖 감정과 혼란스러움, 일이 어떻게 돌아갈지에 대한 무지, 우리가 상상했던 것을 초월하는 중대한 일이 벌어지고 있다는 느낌까지도 포함한다. 이 "초월과 다름" 가운데 하나님이 계신다.

주님을 두려워하는〔경외하는〕 것은 하나님의 임재 혹은 계시가 우리 삶 속에서 불러일으키는 예기치 못한 혹은 습득된 인식을 지칭하기 위해 성경이 통상적으로 사용하는 표현이다. 우리는 우리 존재의 중심이 아니며, 중요한 일을 결정할 만한 존재도 아니다. 우리는 앞으로 일이 어떻게 될지 알지 못한다.

주님을 두려워하게 되면, 우리는 눈을 크게 뜨고 조심조심 발걸음을 내딛게 된다. 주위에 뭔가 낌새가 이상할 때, 놓치는 법이 없다. 또한 주님을 두려워할 때 우리는 모든 것을 다 알고 있다고 생각하지 않게 된다. 따라서 새로운 것에 대해서도 우리의 마음이나 생각을 닫지 않는다. 주님을 두려워하는 마음 때문에 섣부른 행동도 하지 않는다. 이런 태도는 우리가 알아채지 못하거나 이해하지 못하는 아름다움이나 진리 혹은 선함의 어떤 측면들을 파괴하거나 손상시키지 않도록 도와준다.

주님을 향한 두려움은 무서움의 요소가 제거된 두려움이라 할 수
있다. 그래서 이 두려움은 종종 확신을 주는 말과 함께 나타난다. "무서
워하지 말라." 하지만 "무서워하지 말라"는 것은 두려움의 사라짐이 아
니라 주님을 향한 두려움으로의 변화를 의미한다. 우리는 여전히 뭐가
어떻게 돌아가고 있는지 모르며, 여전히 상황을 장악하지 못하고 있다.
아직도 깊고 깊은 신비 속에 있는 것이다.

사복음서 속의 부활 이야기에는 두려움과 관련된 단어들이 여러 형
태로 모두 여섯 번 나타난다. 이 가운데 두 번은 공포를 가리키는 말로
쓰이고 있다. 빈 무덤의 천사들 앞에 선 로마의 경비병들의 경우와[마 28:4],
나중에 당황하여 무덤에서 도망치는 제자들의 경우다[마 16:8]. 세 번은 무
서움을 달래기 위해 확신을 주는 문맥 속에 나온다. 누가복음은 여인들
이 무서워하였지만 곧 무덤에 있는 천사 앞에서 안심하게 되었음을 이
야기한다[눅 24:5]. 마태복음에서는 처음에 천사가, 그리고 나중에는 예수께
서 여인들에게 "무서워하지 말라"고 말씀하신다[마 28:5, 10]. 이 두 번에 걸
친 확신의 말씀 사이에서 두려움이라는 단어는 경외감을 담은 기쁨의
의미를 갖게 된다[마 28:8].

두려움[fear]은 경이를 불러일으키는 다른 단어들을 동반한다. 매우
놀람[amazed, 막 16:5-6], 떨림과 경악[trembling, astonishment, 막 16:8], 당황[perplexed, 눅 24:4], 겁
[frightened, 눅 24:5], 놀랍게 여기다[wondering, 눅 24:12] 등이다. 두려움이라는 동일한
어근의 낱말이 처음에 명사로 그리고 동사로 다양하게 사용되면서도 전
혀 의미의 혼란이 없다는 사실은 마태복음에서 잘 드러난다. "지키던 자
들이 그를 무서워하여 떨며 죽은 사람과 같이 되었더라. 천사가 여자들

에게 말하여 이르되 너희는 무서워하지 말라."마 28:4-5 (원문에는 4절 부분이 명사형으로 "두려움으로 인해"라고 나옴―옮긴이).

빗나간 영성 형성

이처럼 영성 형성은 "초월과 다름"이라는 부활의 정황 속에서 이루어진다. 여기서 우리 앞에 놓인 선택은, 압도적 경외감으로 이에 응답하는 법을 배우거나 혹은 현재 일어나고 있는 일의 핵심을 간파하지 못하는 불안감을 감수하거나 둘 중 하나다. 사실 그리스도인의 생활에 관한 표현들을 보면, 겉만 그럴듯한 상투적 표현에 지나지 않는 경우가 많다. 하지만 부활 이야기에는 경이감이 스며들어 있다. 바로 부활에 대한 경이감이다.

우리가 지금까지 생각해 본 다섯 가지 요소들, 곧 예측이 가능하지 않다는 점, 전문가들이 있을 수 없다는 점, 주변적 인물들이 두드러진 역할을 한다는 점, 조용하면서도 일상을 벗어나는 면이 있다는 점, 두려움 등은 우리가 경험하는 경이감이라는 직물을 촘촘하게 짜고 있는 씨실과 날실이다. 여기서는 우리의 기대대로 움직이는 것이 하나도 없다. 특히 우리가 스스로 중요한 것, 삶을 바꿀 만한 것으로 간주하는 것들에 대해서는 더욱 그렇다. 내가 확신하는 것처럼, 그리스도의 부활이 영성 형성의 중심이라면, 이 과정을 규정하는 가장 큰 요소 중 하나는 바로 경이감이다. 우리는 어찌 된 영문인지 몰라 당황하고, 경악하며, 놀란다. 하나님은 지금 바로 이곳에서, 예수 안에서, 우리 안에서, 그리고 내 안에서 일하고 계신다.

경이감 없이 형성된 영성이란 자기계발의 노력에 불과하다. 우리는 기술을 적용하고 은사와 가능성을 분석하며, 이런저런 목표를 설정하고, 진행과정을 평가한다. 말하자면 영성 형성이 우리를 꾸미는 화장의 기술로 전락하고 마는 것이다.

경이로움이 없으면 영성 형성의 동기가 초조함과 죄책감에 의해 좌우될 것이다. 초조함과 죄책감은 우리를 얽어매며, 우리를 자신 속에 가둬 놓는다. 스스로 부족하고 무가치하다는 느낌에 사로잡혀, 자신을 최악의 상태라고 인식하기도 한다. 그리하여 영성 형성은 도덕적 일 중독증 혹은 경건을 위한 경쟁적 열정으로 왜곡되고 만다.

경이감의 해체

불행히도 우리는 경이감을 좋게 생각하거나 격려하는 세계에 살고 있지 않다. 경이감은 누구에게나 자연스럽고 즉각적인 감정이다. 어릴 때 우리는 항상 경이감 속에서 살아간다. 세상은 늘 새로운 것들을 가득 안고 우리에게 다가온다. 우리는 매일 비틀거리는 걸음으로 이런 새로운 세계를 어루만지고, 쳐다보고, 맛보면서 자랐다. 대화 가운데 나오는 낱말들이 신기했고, 달리는 것도 신기하고, 만지고 맛보고 듣는 모든 것이 신기할 뿐이었다. 그야말로 경이감으로 가득 찬 세계에 살았던 것이다.

하지만 이런 경이감은 서서히 우리들에게서 빠져나간다. 여러 이유가 있겠지만, 이처럼 경이감을 상실하는 가장 큰 이유는, 우리가 모든 일을 점점 잘하게 되고 우리 자신과 공동체, 그리고 주변 환경을 장악할 수 있게 되었기 때문이다.

어른이 되었을 때 이런 경이감의 상실이 가장 지속적이고 철저히 유지되는 곳은 바로 우리의 일터다. 일하는 곳에서 경이감을 키우기란 참으로 어려운 일이다. 일터에서는 지식과 능률이 최고의 가치를 발하기 때문이다. 우리는 우리를 놀라게 할 일들을 바라지 않으며, 무언가를 뚫어지게 쳐다보며 그게 무엇일까 궁금해하느라 시간을 낭비하고 싶지 않다. 우리는 우리가 아는 일을 하도록 교육받고 또 그렇게 하는 것으로 돈을 번다.

그래서 우리는 대부분 회심을 경험한 후에도 아침마다 침대에서 일어나 일터로 향한다. 다행히 이름 모를 트럭에 치이는 일이 없이 말이다. 처음에는 대부분의 사람들이 자신이 하는 일에 즐거워한다. 일은 우리의 최선을 요구하고 그런 우리에게 인정과 만족으로 보상한다. 우리는 중요한 일, 곧 세상에 흔적을 남기고 세상을 더 좋은 곳으로 만들며 사람들의 삶을 낫게 만드는 그런 일을 하고 있다. 일은 우리를 쓸모 있는 존재로 만들어 주고 가족을 부양할 돈을 제공해 준다. 일은 그 자체가 경이로움의 대상이다. 우리는 피조물 가운데 있으면서도 하나님의 창조 활동 속에 직접적으로 참여하고 있는 것이다.

미묘하지만 치명적인 변화

하지만 일을 시작하고 몇 주 혹은 몇 달이 지나면 그리스도인으로서 자신의 존재를 둘러싸고 있는 느낌이나 확신, 생각들은 우리 삶의 무대 뒤로 물러나고, 끊임없는 요구, 새로운 자극, 깊은 만족감으로 채워진 우리의 일터가 그 중심을 장악한다.

그와 더불어, 하나님과 그분의 사역이 차지하던 우선순위는 아주 조금씩 하나님 나라에서 이루어지는 **우리들의** 일에 그 자리를 내어 준다. 그렇게 되면 하나님을 우리 일에 어떻게 이용할 것인지 생각하기 시작한다. 이런 변화는 거의 감지하기 어렵다. 우리는 여전히 우리의 새로운 정체성과 연관된 어휘들을 사용하고, 여전히 같은 진리를 믿으며, 여전히 바람직한 목표를 추구하고 있기 때문이다. 그러나 우리가 그동안 하나님을 진정으로 예배하기보다 그분을 그저 믿을 만하고 소중한 조력자 정도로 여겼다는 사실이 드러났을 때는 이미 심각한 일이 발생하고 난 뒤다.

일터에서 우리는 **우리**가 잘 알고 **우리**에게 능숙한 일을 다룬다. 우리가 아는 것이 곧 우리의 일이 되는 것이다. 물론 우리 일을 도와 달라고 하나님께 요청할 수도 있다. 하나님께서 그렇게 권유하시지 않았는가? "구하라. 그리하면 너희에게 주실 것이요." ^{마 7:7}. 물론 그 말은 옳다. 하지만 문제는 모든 기도란, 일단 부활의 경이라는 정황에서 벗어나는 순간, 일종의 우상숭배가 되고 만다는 사실이다. 하나님을 우리 자신의 목적을 위해 이용할 수 있는 존재 정도로 축소시켜 버리는 것이다. 그 목적이 얼마나 고상하고 유용한 것인지는 모르겠지만 말이다.

우리는 이처럼 악의 없고, 자연스럽고, 경건한 행동을 우상숭배라 부를 것이라고는 상상조차 못할 것이다. 우리 중 어느 누구도 자동차 사고를 예방하자고 자동차 범퍼에 성 크리스토퍼(서양에서 자동차 운전자들의 수호성인으로 알려진 인물) 스티커를 붙인다거나, 날마다 찾아드는 공상을 좇는다고 집안 거실에 배 나온 부처상을 갖다 놓는다거나, 혹은 텃밭 토마토가 더 커지고 보육원에 아이들이 더 많아지라고 가나안 다산의 여신 아세라를 뒷마당에 갖다 놓을 사람은 없을 것이다. 물론 이런 식은 아닐 것이다. 하지만 우상숭배이기는 마찬가지다. 하나님을 예배하는 것이 아니라 이용하는 것이기 때문이다. 물론 처음부터 겉으로 드러나지는 않겠지만, 나의 일을 위해 하나님을 이용할 때 그 순간 우상숭배의 씨가 자라고 있음은 부인할 수 없는 사실이다.

일상의 흙탕 헤쳐 나가기

우리 가운데 어떤 이들에게는 회심의 저녁을 보내고 다음 날 아침 돌아가는 일터는 고역 그 자체일 것이다. 지긋지긋하게 운도 **없어** 이름 모를 트럭에 치이지도 않는다. 하루하루, 한 주 한 주, 지루하고 맥 빠지는 일을 하기 위해 몸을 끌고 나간다. 처음 몇 주 동안은 그리스도 안에서 발견한 새로운 현실이 직장의 짐스러움과 지루함을 대신해 준다. 중얼거리기만 해도 쏟아지는 기도가 마치 산 아래로 흐르는 개울물 같고, 찬양의 노래가 생각 속에 메아리를 울린다. 모든 사람, 모든 것이 다 새롭게 보인다. 경이로운 세상에 자리를 내린 새로운 피조물인 것이다.

그러다 문득 어느 날, 그리스도께서 초대해 주신 "새로운 만물" 속에 우리의 일터가 포함되지 않는다는 사실을 발견한다. 우리는 여전히 십 년, 이십 년 혹은 삼십 년 동안 아무런 희망도 없이 우리를 옭아매고 있던 바로 그 일을 하고 있다. 어떤 이들은 회심의 체험으로 얻게 된 새로운 활력과 자존감과 목적의식으로 이리저리 돌파구를 찾는다. 멋진 표현에 걸맞게 "하나님의 영광을 위해" 전심으로 일할 수 있는 그런 직장을 그려 본다. 적잖은 사람들이 모든 위험을 감수하고서라도 그렇게 하고자 탈출을 시도한다. 하지만 대부분은 그럴 용기가 없다. 갚아야 할 은행 대출금이 있고 아이들의 대학 등록금도 마련해야 한다. 새로운 일을 시도할 만한 훈련이나 공부를 한 것도 아니다. 아내나 남편은 그냥 지금 이대로 만족하고 있으며 익숙해진 삶이 주는 안정감을 잃고 싶지 않다. 그래서 결국 어쩔 수 없다는 체념으로 다시 일상의 흙탕과 반복되는 지루함을 헤쳐 나가는 삶으로 돌아간다.

기독교적 우상

이제 우리는 그리스도 안에서 얻은 새로운 삶을 확인하고 발전시킬 방도를 일터 밖에서 분주히 찾기 시작한다. 그리고는 이내 우리가 선택할 수 있는 일들이 정말 많다는 사실을 발견하고 기뻐한다. 오늘날 북미주

에는 바로 이런 우리들의 환상을 만족시키기 위해 엄청난 규모의 기독
교 시장이 형성되어 있다. 우리가 바라는 바로 그런 자극을 위해 고안된
강연회나 집회들이 있다. 재정적인 안정, 모범적인 자녀 양육, 체중 조
절, 성생활, 성지 순례, 신나는 예배, 유명 강사 등 우리가 아쉬움을 느끼
는 분야가 무엇이든 그에 대한 기독교적 "비결"을 알려 주겠다고 나서
는 책이나 영상 혹은 세미나들이 있다. 이런 상품이나 프로그램들을 제
공하는 사람들은 한결같이 웃는 얼굴에 멋진 외모를 자랑한다. 적어도
그 사람들은 지루해하지 않는 것처럼 보인다.

어느새 우리는 그들이 제공하는 것을 사기 위해 줄을 선다. 하지만
그 어떤 것도 우리가 애초에 바라는 것을 채워 주지 못한다. 채워 주더
라도 얼마 가지 못한다. 그래서 곧 다시 다른 줄에 가서 줄을 서기를 반
복한다. 이런 과정은 마치 약물 중독처럼 중독성이 있다. 잘 포장된 영성
의 소비자들이 되는 것이다.

이런 것을 어떻게 감히 우상숭배라 부를까 싶지만, 이것 역시 우상
숭배다. 우리가 값을 지불하고 사는 모든 것이 다 영적인 것으로 선전되
거나 '기독교'라는 수식어가 붙겠지만, 그럼에도 불구하고 그것은 우상
숭배다. 하나의 상품으로 포장된 하나님, 곧 비인격화된 하나의 기교나
프로그램으로 제공된 하나님인 것이다. 우상을 파는 기독교 시장이 이
처럼 분주하고 돈이 되던 시절은 일찍이 없었다. 오늘날 우리 복음의 뒷
마당에서 벌어지고 있는 일들을 보면, 루터의 분노를 폭발케 했던 중세
후기의 면죄부는 한낱 새 발의 피에 지나지 않는다.

신비를 인정하지 않는 세상

매일 아침 눈을 떠 일터로 향하는 모든 그리스도인들은 우상숭배의 유혹이 가득한 세상을 향해 걸어 들어간다. 이 세상 속에서 우상숭배는 우리가 부활에 의해 조성된 새로운 삶을 살며 그리스도의 형상을 닮으려 할 때 가장 큰 유혹이 되어 그것을 막는다.

그 유혹이 얼마나 끊임없이 변형과 조합을 거듭하는지, "좋은" 직장이나 "나쁜" 직장 할 것 없이 나타난다. 직업이 없는 아이나 노인, 장애인 혹은 무직자들은 예외가 되겠지만, 우리가 일을 하는 한 우상숭배의 가능성은 언제나 존재한다. 우리는 대부분의 날들과 시간을 우상을 만들고 그 우상을 사는 일로 채워진 그런 세계에서 살아간다.

우리는 대부분의 시간을 직장에서 보낸다. 이는 우리의 정체성이 대개 노골적으로 적대적이거나 비우호적인 환경에서 이루어진다는 것을 의미한다. 곧 신비를 용인하지 않는 그런 정황이다(일터에서는 언제나 정보와 기술이 요구된다). 능력과 통제력이 높이 평가되고, 무능력과 통제력 상실은 곧 실직으로 이어진다. 이런 상황에서는 인간관계 또한 처리해야 할 일들의 성격에 맞춰지기 마련이다.

기술이야말로 오늘날 우상숭배를 부추기는 주된 요인들 중 하나다. 이것은 정말 역설적이다. 그렇지 않은가? 적어도 대중들의 생각 속에 미신, 곧 몽매하고 배우지 못해 신화와 주술에 머무는 원시적이고 유아기적인 사고방식을 연상시키는 우상숭배가 이제는 기술의 도움을 받아 새로운 전성기를 누리고 있는 것이다. 순수한 수학적 언어로 합리적

이고 과학적인 탐구를 수행하여 우리의 일터를 지배하고 있는 컴퓨터
와 모든 사람이 그 앞에 고개 숙여 경배하는 과학기술을 통해서 말이다.
다시 말해, 시간과 사고를 지배하고 있는 비인격적 **물건들**이 우리에게
통제와 지식이라는 거창한 약속을 던지고 있는 것이다. 하지만 이들은
동시에 우리의 삶에서 신비와 경이와 경외의 느낌을 송두리째 앗아가고
있다.

　이처럼 일터는 우리가 경이감을 느끼지 못하는 가운데 언제나 영
성 형성에 위협이 되어 왔다. 그곳에서 경이감은 사라진 것이나 다름없
다. 일터에서는 우리가 유능하게 일을 잘하고 있는지, 아니면 지루해하
거나 산만해 있든지 둘 중 하나다. 더구나 오늘날과 같은 문화에서는 우
리 삶에 경이감이 사라져 간다는 사실이 함축하는 위험성이 예전보다
훨씬 더 심각한 수준으로 다가오고 있다.

　영성 형성이 끊임없는 부지런함을 요구하는 이유가 바로 여기 있
다. 일터는 우리가 우상숭배와 격투를 벌이는 경기장과 같다. 여기서 우
상숭배라는 적은 늘 새로운 형태로 우리를 통제하기 위해 기술과 전략
을 발휘할 수 있는 도구나 시스템을 제공해 준다. 그럼으로써 끊임없이
자기 위상을 높이는 것이다. 그런 일터에서 경이감, 곧 깜짝 놀라 선뜻
하는 일을 멈추고, 가만히 서서 활짝 열린 눈과 벌린 손으로 "초월과 다
름"을 받아들이고자 하는 마음자세를 찾아보기란 쉬운 일이 아니다.

부활의 경이를 북돋음

그렇다면 이는 우리가 일하는 동안에는 영성 형성의 과정을 멈추었다가 일을 다 마친 주말에나 다시 그것을 시작해야 한다는 말인가? 물론 그럴 수는 없는 일이다.

여기에 한 가지 놀라운 사실이 있다. 예수의 부활 장면은 다름 아닌 일터를 배경으로 하여 벌어지고 있다는 것이다. 막달라 마리아와 다른 여인들은 일을 하러 가는 도중 예수의 부활을 마주했고 그 부활을 받아들이게 되었다. 그래서 나는 감히 부활에 의한 영성 형성의 주요 무대는 바로 우리 일터라고 주장한다.

그렇다면, 먹고 살기 위해 일을 하고 경이로움을 달가워하지 않는 일터에서 한 주의 대부분을 보내는 우리가 어떻게 경이감을 키울 수 있을까? 우리의 영성 형성을 가능하게 하는 부활의 경이감 말이다.

성경이 우리의 영성 형성을 위한 책이라고 진지하게 믿는 사람들에게 다른 해답은 있을 수 없다. 곧 거룩한 안식의 날을 지키는 것이다. 이것이 바로 성경에 제시된 결정적인 해법이며 또한 경이감을 북돋우기 위해 교회가 줄곧 실천해 왔던 태도다(저자가 말하는 바는 토요일을 안식일로 지켜야 한다는 것이 아니라, 특정한 날과 상관없이 안식의 시간을 갖는 것이 중요하다는 것이다—옮긴이).

부활의 현장에 참여했던 사람들이 바로 전날 안식일을 지켰던 이들이었다는 사실을 알고 있는가? 금요일 저녁, 예수를 십자가에서 내려 요셉의 무덤에 안치한 바로 뒤, 예루살렘, 나사렛, 베들레헴, 가버나움,

알렉산드리아, 바빌론, 아테네, 로마, 곧 온 세계에 흩어져 있던 경건한 유대인들은 모두 두 개의 촛불을 켜고 안식일의 도래를 기뻐했다. "찬송 하나이다 하나님, 우주의 왕이시여. 당신의 계명으로 우리를 거룩하게 하시고 우리에게 안식의 촛불을 밝히게 하셨나이다."

촛불 하나는 출애굽기의 계명를 기념하는 것이다. "안식일을 기억 하여 거룩하게 지키라.……아무 일도 하지 말라.……이는 엿새 동안에 나 여호와가 하늘과 땅과 바다와 그 가운데 모든 것을 만들고 일곱째 날 에 쉬었음이라"출 20:8, 10-11.

또 하나의 촛불은 신명기의 계명과 관계된다. "안식일을 지켜 거룩 하게 하라.……아무 일도 하지 못하게 하고……너는 기억하라. 네가 애 굽 땅에서 종이 되었더니"신 5:12, 14-15.

토요일 해가 지면 이 기도가 한 번 더 반복되고, 다시 촛불이 켜지 면서 마지막 기도로 거룩한 안식의 날이 끝난다.

안식일을 지키는 습관

기념과 순종의 시간인 안식일 하루 동안 막달라 마리아와 다른 마리아, 요안나와 살로메, 베드로와 요한, 그리고 이름이 밝혀지지 않은 또 다른 제자들이 무엇을 했는지 우리는 알지 못한다. 하지만 그들이 평생을 지 켜 왔던 습관을 소홀히 했으리라고 생각하지는 않는다. 사실 그들은 모 두 경건한 유대인들이 아니었던가. 그날에는 도시 전체가 안식일을 준수하였고, 아마 그들 역시 그랬을 것이다. 회당 예배에는 참석하지 않았을 것이다. 예수를 반대하던 유력 인사들이 있었을 것이고, 따라서 환영은커녕 오히려 위험을 느낄 공산이 컸기 때문이다. 그들이 한 가지 하지 않았던 것이 무엇이었는지는 분명하다. 사실 그 일은 가장 시급한 것이었고 또 가장 하고 싶어 조바심을 냈던 일이기도 하다. 그것은 지금 무덤에 계신 예수의 몸에 향유를 바르는 일이었다. 하지만 그들은 그 일을 하기 위해 나서지 않았다. 하나님의 창조 사역과 종살이로부터의 구원을 기억하였기 때문이다.

나는 그들이 성경을 공부하면서 계획적으로 이런 일들에 관해 이야기하거나 기도했다고는 생각지 않는다. 아마도 안식일 준수의 습관은 거의 무의식적으로 작용하면서, 세상에서 일하시는 하나님의 위대하심과 그들을 위해 일하시는 하나님의 친밀하심에 대해 마음 깊이 느끼게 해주었을 것이다. 아마도 안식일 준수는 금요일의 사건들이나 그들의 처참한 기분을 보다 넓은 안목으로 보게 해주었을 것이다. 십자가라는 엄청난 비극과 공포와 실망은, 세상을 만드시고 영혼을 구원하시는 하나님의 사역이라는 보다 넓은 문맥 속에 자리를 잡는다. 그들이 할 수 있는 일이나 그들이 하고 싶은 일 중 어느 것도 하나님이 하셨고 또 하고 계시는 창조와 구원보다 우선되지 않는다. 이런 하나님의 일들은 출애굽기와 신명기의 명령을 통해 뚜렷하게 부각되고 일생에 걸친 안식일 준수를 통해 내면화되었을 것이다.

그래서 그들이 안식일을 지키고 다음 날 아침 일을 하기 위해 집을 나섰을 때는 하나님을 향한 감각이 마음 깊이 뿌리내리고 있었다. 그들

너머 존재하는 신비로움에 경이감으로 응답하는 능력, 이해할 수 없고 예상할 수 없는 것에 놀랄 줄 아는 능력이 준비되었던 것이다. 그들에게 안식일 준수는 매주 반복되는 일종의 집안 청소와 같았다. 그래서 그들은 그 어떤 우상의 방해도 없이 다시 일터로 나갈 수 있었다. 우리가 다룰 수 있고 이용할 수 있는 그런 하나님, 혹은 그런 일정과 프로그램을 주겠노라고 달려드는 교묘하면서도 집요한 그 모든 매일의 시도들에서 마음을 지킬 수 있었던 것이다. 그들에게 안식일 준수는 일을 처리하는 세상의 방식으로부터, 그리고 모든 일을 자기 손으로 처리하려 드는 세상의 강박증으로부터 일정한 거리를 유지하게 해주었다. 즉 계획적으로, 그리고 결연히 아무 일도 하지 않겠다는 저항의 자세로 하루를 보냄으로써, 하나님이 어떤 분이신지, 그분이 어떤 일을 하고 계시는지 보다 자유로운 눈으로 보고 응답할 수 있었던 것이다. 바로 이것이 복음서 저자들이 소개하는 다섯 여인과 두 남자의 이야기에서 확인할 수 있는 부활에 의한 영성 형성의 근본이다.

일터에 계신 하나님

하나님은 분명 우리의 일터에서 일하고 계신다. 이것을 발견하고 놀라움 가득한 경이감으로 반응할 수 있으려면, 일터로부터 어느 정도 마음의 거리를 유지할 필요가 있다. 그러면 어떻게 그런 마음의 거리를 확보할 수 있을까? 바로 안식일을 지키는 것이다.

우리가 하는 일과 분리하여 안식일의 성격과 의미를 이해할 수는 없는 일이다. 안식과 일은 서로 반대되는 것이 아니다. 안식과 일은 유기적으로 엮어진 전체의 부분들이다. 둘 중 어느 것도 다른 하나로부터 분리되는 순간 무의미한 것이 되고 만다.

이것을 이해하는 가장 간단한 방법은 성경의 제일 처음에 하나님께서 일하시는 분으로 등장하고 계심을 관찰하는 것이다. 여기서 우리는 하나님께서 자신의 일터에서 일하고 계시는 모습을 본다. 이것은 대단히 중요하다. 우리가 처음으로 목격하는 하나님의 모습은 대단한 능력, 영원한 사랑 혹은 순수한 존재 등과 같은 추상적 개념이 아니라, 우리 모두가 일할 수 있도록 일터를 만들고 계시는 창조주의 모습이다. 일하는 데 필요한 밝은 빛, 딛고 설 수 있는 땅, 머리 위의 하늘, 우리가 키우는 식물과 나무들, 계절과 같은 시간의 리듬, 먹이사슬 속의 물고기와 새와 동물들을 만드시는 것이다. 하나님께서 하루하루 일하시자, 크고 작은 사물들이 온 땅에 채워지기 시작하고, 그와 함께 하나의 후렴이 매일같이 반복된다. "좋구나, 좋구나, 좋구나!" 육 일 동안 일곱 번에 걸쳐 이 말이 반복된다. "하나님이 보시기에 좋았더라." 일곱째 날에 들린 마지막 감탄은 최상급이다. "하나님이 지으신 그 모든 것을 보시니 보시기에 심히 좋았더라"^{창 1:31}. 일도 멋지고, 만들어진 일터도 아름다웠다.

그 후 안식일이었다. 물론 그 후였다. 일 없이 안식일을 제대로 이해할 수 없고, 안식일이 없이 제대로 된 일을 할 수 없다. 웬델 베리는 안식일에 관한 한 편의 시에서 일하는 날과 안식의 날을 운율에 맞춰 자연스럽게 연결하고 있다.

……일하는 날

그리고 안식의 날은 같은 자리에서 함께 살아가네.

사라질 인생이고, 불완전한 우리지만,

이 어울림은 유일한 평화의 희망.[3]

안식일은 일하며 보내는 한 주간의 마지막을 장식한다. 하나님은 이 일을 위해 주어진 하루하루를 좋다고 선언하셨다. 안식일의 의미를 제대로 드러내는 이 일이라는 문맥은 세 번 반복되는 표현을 통해 강하게 부각되고 있다. "하나님이 하시던 일", "그가 하시던 모든 일", "그 창조하시며 만드시던 모든 일"[창 2:2-3]. 하지만 안식의 가장 독특한 의미를 전달하는 것은 다음의 네 동사들이다. "하나님이 그가 하시던 일을 일곱째 날에 마치시니[finished]……안식하시니라[rested]……하나님이 그 일곱째 날을 복되게 하사[blessed] 거룩하게 하셨으니[hallowed]."

이 동사들은 모두 일터의 영역을 넘어서는 것들이다. 마찬가지로 우리의 일 속에는 일 이상의 의미가 있다. 곧 하나님이 계시는 것이다. 일을 완성하신 하나님, 쉼을 즐기시는 하나님, 복을 내리시는 하나님, 거룩하게 하시는 하나님이다. 일터가 우리 삶의 전부일 수는 없다. 하지만 안식일은 일과 상관없는 것이 아니라 일을 바탕에 둔, 그 이상의 것이다. 그리고 바로 거기에 하나님이 계신다. 그런 안식일이 없다면, 일터는 곧 하나님의 임재라곤 전혀 찾아볼 수 없는 텅 빈 곳이 된다. 그리고 일 자체가 궁극적 목적이 되고 만다. 그 결말이란 일터를 우상을 위해 피가 흥건한, 쉼이 없는 곳으로 만드는 것이다. 모든 관계를 기능적인 것, 곧 우리가 다룰 수 있는 역할의 수준으로 축소해 버릴 때 일터는 우상을 만드는 곳으로 전락한다. 일터를 단지 우리 자아의 무대, 우리가 제어할 수 있는 곳으로 축소해 버릴 때도 우리 일터는 우상을 만드는 곳이 된다.

하나님을 향해 열린 태도

요즘 교회 밖 세속적인 세상에서도 안식을 지키는 일에 지대한 관심을 보이고 있다. 기업들은 이것이 건강이나 인간관계, 심지어 직장에서의 생산성 면에서도 많은 유익이 있다는 사실을 알게 되었다. 휴식, 그리고 일 중독을 깨뜨리는 것이 얼마나 큰 유익을 주는지를 알려 주는 연구논문이나 책들도 쏟아지고 있다. 이 모든 것이 다 사실일 수 있다. 하지만 그것이 우리가 안식일을 지키는 이유는 아니다. 우리의 일차적 관심은 더 오래 산다거나 정서적인 성숙을 얻는다거나 혹은 골프를 더 즐기게 되는 것이 아니다. 우리의 관심사는 하나님, 그리고 우리 속에 자신의 형상을 이루어 가시는 그리스도께 있다. 부활에 의한 영성 형성이 바로 우리의 관심사인 것이다.

안식의 날은 일차적으로 우리 자신 혹은 우리가 얻게 될 유익에 관한 것이 아니다. 안식의 날은 하나님 그리고 그분이 우리를 만들어 가시는 방식에 관한 것이다. 안식의 일차적 관심은 우리가 무엇을 할까 혹은 하지 말까 하는 것이 아니다. 그것은 완성하시고 쉬시고 복을 주시고 거룩하게 하시는 하나님에 관한 것이다. 이 모두는 우리가 잘 알지 못하는 일에 속한다. 이것들은 우리의 영역 너머에 있지만, 그렇다고 우리가 인식하지 못하거나 참여하지 못하는 것은 아니다. 안식일은 분명 이윽고 깜짝 놀라 열린 눈으로 부활의 경이를 볼 수 있을 만큼 충분히 일손을 멈추고 침묵을 지키는 것을 의미한다. 서서 혹은 앉아서 놀라움과 열린 마음으로 우리 너머에 있는 것을 받아들이게 될 때, 우리의 영혼은 우리가 만들어 낼 수도 없고 통제할 수도 없는 바로 그것에 의해 모양을 갖추기 시작한다. 우리는 일과 일터라는 기반과 정황 속에서 하나님께서 계속해서 하고 계시는 바로 그 일에 응답하며 그 일 속으로 들어간다. 그리스도인들은 이것을 부활이라 부른다.

2

부활의
식사

예수께서 말씀하셨다. "아침 식사가 준비됐다." 제자들 가운데 "당신은 누
구십니까?" 하고 감히 묻는 사람이 없었다. 그들은 그분이 주님이신 것을 알
고 있었다. 예수께서 빵을 들어 그들에게 주시고, 물고기도 그들에게 주셨다.
요한복음 21:12-13, 메시지

얼마 전 필자의 친구 브렌다는 결혼한 딸 가족을 만나러 시카고에 다녀왔다. 브렌다가 특히 보고 싶었던 사람은 손녀 채리티였다. 채리티는 다섯 살인데, 통통하고 귀여운 데다 쉴 새 없이 재잘거리는 여자아이다. 그전 주에는 채리티의 친할머니가 다녀가셨는데, 매우 경건하고 영적인 면에서 할머니 노릇을 제대로 하는 것을 매우 중요시하는 분이다. 브렌다의 방문은 그분이 막 떠난 다음의 일이었다.

브렌다가 도착한 다음 날 아침, 다섯 시쯤 되었을까. 채리티가 할머니의 방으로 와서는 침대 속으로 기어들어오며 이렇게 말했다. "할머니, 하나님 이야기는 이제 그만해요. 하나님이 어디에나 계신다는 건 저도 다 믿어요. 그러니 평소처럼 그렇게 살아요, 네?"

나는 채리티가 참 마음에 든다. 내가 보기에 그 아이는 무언가를 알고 있는 것 같다. "평소처럼 살자"^{Let's get on with life}는 말은 우리의 영적 성장을 위한 일종의 부제목으로 쓰일 만하다(저자는 이 표현을 자주 활용하고 있는데, 문맥에 따라 약간씩 뉘앙스가 달라지는 감이 있어 그때그때 다르게 옮겼다─옮긴이). 우리는 얼마나 쉽게 일상의 현실 생활과 단절된 의미 없는 경건에 빠지고 마는가? 하나님 이야기가 사실이 아니라는 것이 아니라, 그것이 우리 삶의 내용을 이루고 있는 일상적 행동과 대화로부터 단절될 때 이러한 진리가 빠져나가 버린다는 것이다. 시편 116:9의 한 구절이 좋은 예가 될 것이다. "내가 생명이 있는 땅에서 여호와 앞에 행하리로다" 여기서 우리는 채리티에 대해, 그리고 "평소처럼 살아가는" 것에 대해 제대로 생각할 수 있는 눈을 얻게 된다.

하나님과 분리된 삶

살아가다 보면 드물지 않게 그리스도인이라는 우리의 정체성과 하나님 사이, 우리가 만나는 친구들과 하나님 사이, 혹은 우리의 일과 하나님 사이에 단절이 생기곤 한다. 이렇게 되면 더 이상 삶을 말하기는 어려워진다. 그저 경건한 말만 남을 뿐이다. 삶은 빠져나가고, 우리의 생활은 맥이 빠진다.

어찌 보면 채리티가 아침 다섯 시에 할머니 방을 찾아가 했던 말은 하나님과 일상적 생활을 별개의 영역으로 분리하려는 우리의 생활 태도를 정확하게 진단하는 것 같다. 그 아이는 친할머니가 하나님에 관해 말하는 방식에서 무언가 부족함을 느꼈고, 외할머니로부터는 그런 모자람을 느끼지 않기를 바랐다. 내가 생각하기에 그 아이가 아쉽게 여겼던 것은 다름 아닌 삶 그 자체였다. 생활 자체를 놓치지 않는 것이 관건인 것이다.

물론 채리티의 행동은 내가 이해하는 것과 전혀 다르게 해석될 수도 있다. 어쩌면 그 아이는 하나님을 배후에 계신 분으로 생각했을지도 모른다. 모든 것의 배후에 계시는 분, 하지만 배후일 뿐인 그런 분 말이다. "중요한 건 나죠. 내 생각, 내가 하는 일, 내가 원하는 것, 이것이 제일 중요하단 말이에요. 그러니 지금 나한테 중요한 그런 것에만 신경 쓰자고요. **내** 방식대로, **내가** 원하는 것을 하며 사는 거예요. 하나님이야 당연히 계시는 분이니까, 굳이 뭘 여쭈어보거나 말을 걸거나 할 필요는 없잖아요. 지금은 우리, 아니 내가 하고 있는 일이 중요해요. 그게 바로 내가 바라는 거예요."

아마 채리티의 말이 열일곱 살 청소년, 서른 살 청년, 혹은 쉰두 살 중년의 입에서 나온 말이라면 이런 식의 의미였을 공산이 크다. 아마도 많은 경우, 아니 대부분의 경우 사람들이 자기 나름의 표현으로 "좀 제대로 살아 보자"$^{Let's\ get\ on\ with\ life}$고 말할 때 염두에 두고 있는 의미가 바로 이런 것이다. 그리고 많은 경우, 물론 표현되지는 않지만 이런 의미도 담겨 있다. "하나님 이야기는 좀 빼자. 하나님 이야기를 가지고 들어와 괜히 상황을 복잡하게 만들 필요는 없잖아."

하지만 채리티가 어떤 아이인지를 알고 있는 나로서는 그 아이의 말을 처음 방식으로 해석하는 것이 더 맞는 것 같다. 채리티가 외할머니에게 기대했던 것은, 하나님이 그저 하나님에 관한 추상적 이야기에 머무는 것이 아니라 일상의 생생한 임재로 경험되는 것이었다. 하나님과 삶이 유기적으로 엮어진 그런 관계가 되었으면 하는 바람이었던 것이다.

채리티는 아직 자의식이 없는 즉흥적인 아동기를 살고 있다. 모든 것이 즉각적이고 직접적이고 관계적이다. 머지않아 채리티에게도 그 밀접한 관계성, 그 인격적 즉각성이 더 이상 당연하지 않은 그런 시기가 올 것이다. 그러면 그녀 또한 그러한 상황으로부터 자신을 벗어나게 해

줄 누군가가 필요할 것이다. 내뱉는 말이 더 이상 생생한 심상이 아닌 추상적 개념으로 전락할 것이다. 주변 사람들과의 관계도 살아 있는 영혼의 만남 대신 어떠한 필요 내지 역할만 기대할 것이다. 그럴 때(분명 그녀가 할머니가 되기 훨씬 이전이겠지만) 그녀는 자신을 불러 세워 이렇게 말해 줄 사람이 필요할 것이다. "채리티, 하나님 이야기는 이제 그만하지. 하나님이 어디에나 계신다는 건 나도 믿고 있어. 그러니 평소처럼 사는 게 좋지 않겠니?"

죽음의 현실에서 삶을 증거하다

그리스도인 된 우리의 존재, 곧 우리 속에 그리스도의 형상이 이루어지면서 생겨나는 영성 형성과 영적 성숙을 논하면서 내가 분명히 하고 싶은 것이 바로 이것이다. 우리의 삶, 곧 부활에 의한 영성 형성은 바로 하나님과 우리 삶 사이에 이런 유기적 관계를 유지하느냐 못하느냐에 달려 있다. 우리의 땅은 생명이 있는 땅이어야 한다. 우리가 여기 존재하는 것은 우리 삶의 근원이 어디인지, 그 삶이 어떻게 자라나며, 어떻게 그 삶에 들어갈 수 있는지 증거하기 위해서다. 그래서 삶에 관한 언어와 생각이 살아 계신 하나님과 분리되어 공허한 하나님 이야기로 전락하거나 해체되는 것을 목격할 때 우리는 거기에 저항해야 한다.

채리티가 서른 살이 되어 그런 분리를 경험한다면, 과연 누가 그녀를 도와줄 수 있을까? 어떤 어린아이일까? 정말 그럴지도 모른다. 이런 일들에 있어서는 어린아이들만큼 효과적인 증인들이 없는 법이니까. 이사야는 이것을 멋지게 표현했다. "어린아이에게 끌리며……"^{사 11:6}. 우리가 잘 알고 있는 것처럼, 천국에 관한 문제에 있어서 어린아이들이 얼마나 중요한 역할을 하는지에 관한 이사야의 통찰은 예수의 말씀을 통해서도 확인된다^{마 18:1-6, 막 10:13-16}. 어린아이들은 하나님과 삶의 분리에서 생겨나는 무의미함과 단조로움으로부터 우리를 지켜 주는 최고의 방어막이 된다. 서른 살이 된 채리티를 도와줄 아이가 가까이 없다면, 아마 그녀의 목사님이 그 역할을 하게 될지도 모른다. 물론 지금까지의 상황을 고려해 볼 때 여기에 너무 큰 기대를 걸어서는 안 될 것 같지만 말이다. 하지만 누가 아는가? 부활의 증인들이란 정말 그럴 것 같지 않은 사람들 혹은 정말 그럴 것 같지 않은 시간과 장소에서도 얼마든지 나타날 수 있는 법이니까. 예수 시대에 그 누가 막달라 마리아가 부활의 증인이 되리라고 상상할 수 있었겠는가?

유난히 내 마음을 끄는 것은, 채리티가 이른 아침 아직 잠도 덜 깬 할머니를 찾아갔던 이야기가 매우 자연스럽게 그 절묘한 시편의 시구와 연결될 수 있다는 사실이다. "내가 생명이 있는 땅에서 여호와 앞에 행하리로다"^{시 116:9}. 흥미롭게도 삶에 대한 이 시편의 증거는 죽음에 대한 언급과 함께 등장한다. 우리는 생명에 참여하는 생명의 증인이지만, 동시에 죽음에 포위되고 위협당하는 자들이다. "생명이 있는 땅"을 말하기에 앞서 시편 116편은 다음과 같이 죽음의 위협을 묘사하고 있다.

사망의 줄이 나를 두르고

스올의 고통이 내게 이르므로

내가 환난과 슬픔을 만났을 때에

내가 여호와의 이름으로 기도하기를

여호와여, 주께 구하오니 내 영혼을 건지소서 하였도다^{시 116:3-4}.

이 시편이 강조하는 바는 **생명**, 곧 나의 삶, 우리의 삶이다. 이 기도는 우리가 길에서 마주치는 사람들, 함께 일하고 함께 식사하는 사람들, 우리 옆자리에 앉아 예배드리는 사람들, 다시 말해 죽음의 위협 아래 살아가는 모든 사람들의 기도다. "내 영혼을 건지소서."

우리가 만나는 사람들은 모두 살아 있는 사람들이다. 적어도 생물학적으로는 그렇다. 생물학 역시 우리 삶의 한 차원을 설명해 주지만, 이것이 가장 중요한 요소는 아니다. 심장, 허파, 뇌, 콩팥, 피, 근육들은 우리 삶에 가장 필요한 기본 바탕을 마련해 줄 뿐이다. 가장 중요한 요소는 하나님이다. 공기를 가로질러 날아가는 새들처럼, 우리가 그 속에 젖어 살아가는 하나님의 진실하심과 선하심과 아름다우심, 세상의 역사와 나 개인의 역사를 이전과 이후의 시간으로 갈라놓는 예수의 구원, 의식하든 하지 못하든(대개 못하는 경우가 많지만) 성령을 통해 우리를 복 주시고 우리를 인정하시는 하나님의 임재, 그리고 성경을 통해 지금 어떤 일이 일어나고 있으며 우리가 어떻게 해야 하는지를 가르쳐 주는 하나님의 계시, 바로 이런 것들이 중요한 것이다.

허파가 움직이고 심장이 뛰기 시작할 때부터 우리의 삶은 하나님에 관한 이야기가 된다. 우리가 그리스도인인 이유가 바로 이것이다. 바로 이런 삶에 참여하고, 이 삶에 대한 증인들이 되는 것이다.

생명이 있는 땅에서 살아가다

"내가 생명이 있는 땅에서 여호와 앞에 행하리로다"^{시 116:9}라는 시편의
표현은 죽음, 곧 "사망의 올가미"와 "사망의 줄"에 관해 말하는 문맥
에서 나온 것이다. 길지 않은 이 시편에는 삶에 대한 위협이 모두 열세
번—"사망의 줄", "스올의 고통", "환난", "슬픔", "내 영혼을 건지소서",
"내가 어려울 때에", "사망", "눈물", "넘어짐", "큰 고통", "놀람", "경건
한 자들의 죽음", "나의 결박"—이나 언급되고 있다. 사실 이는 엄청난
고통인 셈인데, 바로 이것이 이 시편의 정황을 이루고 있다. 생명이 있는
땅은 위험한 곳이다. 잘못되는 일이 너무나 많다. 여기저기서 환난의 이
야기들이 들려온다. 부활은 이런 죽음의 땅에서 일어난다.

생명이 있는 땅은 분명 낙원 같은 휴양지가 아니다. 오히려 전쟁터
에 가깝다. 우리 그리스도인들이 우리의 자녀들과 더불어 자리를 잡은
곳은 바로 이런 곳이다. 여기서 우리는 죽음을 앞지르는 삶을 선포하고,
모든 삶의 유기적 연관성과 그 소중함을 증거하며, 부활을 실천하는 삶
을 살아간다.

우리의 삶은 그 전부가 이런 역할을 수행하기 위한 것이다. 생명을
주시는 하나님과 죽음을 정복하신 그리스도, 그리고 생명을 풍성케 하
시는 성령 앞에서 공동체로 모여 규칙적인 예배를 드린다. 성경에 계시

되어 있는 생명의 말씀을 읽고 묵상하며, 가르치고 선포한다. 회심한 그리스도인과 자녀들에게 삼위일체 하나님의 이름으로 세례를 베풀며, 부활의 삶을 살도록 그들을 양육한다. 감옥에 있는 이들을 방문하거나, 배고픈 이들에게 먹을 것을 나누고, 헐벗은 이들에게 입을 것을 주고, 낯선 이들을 환대하며, 아픈 자를 치유하고, 정의를 세우며, 원수를 사랑하고, 아이들을 양육한다. 이 모든 일상적 일과를 통해 우리는 하나님께 영광을 돌린다.

위에 적은 것과 같은 목록을 쭉 훑어볼 때 우선 드는 생각은(당신에게도 같은 생각이 들기 바라지만) 이 모든 것들이 지극히 일상적인 일들에 속한다는 것이다. 이런 일들을 하는 데 많은 훈련이나 재능이 필요하지 않다. 뇌수술 전문가 혹은 전문적인 피아노 연주자에 버금가는 훈련이 필요한 것이 아니다. 설교나 성례 같은 일을 제외하면 사실 아이들도 어른들 못지않게 잘할 수 있는 일들이다. 하지만 중요한 것은, 그럼에도 불구하고 이 모든 일상적인 일들이 삶을 증거하고 드러내는 일들이라는 사실이다. 우리 삶에서 그러한 일들이 빠져 버린다면 아무것도 남는 것이 없다. 공허한 하나님 이야기만 남게 될 뿐이다.

그리스도인이라는 우리의 정체성을 바탕으로 삶을 증거하고 드러내는 임무를 수행한다고 하지만, 그러한 과정에서 우리는 너무 쉽게 그리고 너무 자주 삶 자체로부터, 살아 계신 하나님으로부터 벗어나곤 한다. 삶을 드러내고 증거하는 우리의 기본적 임무에 초점을 맞추고 거기에 집중하기란 사실 대단히 어려운 일이다. 우리는 우리의 행동과 말을 통해 위에서 열거한 것과 같은, 아니 그보다 훨씬 더 많은 온갖 종류의 일들을 수행한다. 하지만 우리는 또한 끊임없는 죽음의 위협 아래 놓이기도 한다. 삶, 사람, 하나님과 단절되어 그저 생물학적 몸짓만 유지하면서, 생명 자체에 참여하지 못한 채 상투적인 말들만 반복하는 상황으로 떨어지는 위험 말이다.

부활의 정체성을 상실할 때

이런 식의 피상성과 왜곡은 오늘 우리 가운데 존재하는 기독교적 정체성의 위기를 틈타 활개를 치고 있는 것처럼 보인다. 삶과의 근본적 연관성은 사라지고, 심리치료사, 연예인, 기업인과 정치가, 목사와 교사들과 같이 한 걸음 앞서 나가 무언가 세상의 변화를 이끌어 내는 것처럼 보이는 사람들로부터 우리의 정체성을 빌려 오려 한다.

그래서 나는 무엇보다 먼저 예수의 부활을 통해 우리에게 주어진 우리의 근본적 정체성을 다시 한 번 확인하고자 한다. 이 정체성은 부활에 의한 영성 형성 과정을 통해 더 자라고 성숙해질 것이다.

그리스도인이 매우 활기차게 신앙생활을 시작했다가 갈수록 시들해지곤 하는 일은 사실 이상해 보이지만 결코 드물지 않은 현상이다. 우리는 천국을 향해 가는 순례자처럼 갈수록 능력을 더하며 전진하기보다 오히려 뒷걸음질 친다. 열심이 대단하다고 감탄하게 되는 그리스도인들이 어떤 사람들인지 한번 생각해 보라. 대체로 최근에 회심한 사람들이다. 정말 흥미로운 현상이 아닌가? 또 당신이 정말 지겹다고 생각하는 그리스도인들을 한번 떠올려 보라. 대부분 한 삼십 년 혹은 사십 년 이 상 신앙생활을 해온 사람들일 것이다. 그들은 육체적으로뿐 아니라 다 른 모든 면에서 쇠퇴해 가고 있는 것 같다. 물론 예외는 있겠지만 말이 다. 우리는 활력을 잃어버리고 둔감해지게 되는 것이다. 삶을 드러내고 그리스도를 높이는 몸짓을 계속하지만, 우리의 마음은 이미 그 속에 없다.

우리의 뒷걸음질이 눈에 띌 만큼 극적인 경우는 거의 없다. 이는 갑 작스럽게 일어나는 일이 아니다. 우리는 더할 나위 없이 풍성한 삶과 더 불어 시작한다. 우리가 하는 모든 일에서 하나님이 최우선이며 우리는 그분의 임재를 분명히 느낀다. 그렇게 기쁜 마음으로 별 생각 없이 일을 계속하다 보면 우리 발이 그 스올의 올가미, 사망의 줄에 말려 들어가 기 시작한다. 너무 자연스럽게 일어나는 일이어서 우리는 이를 거의 눈 치채지 못한다. 그러다 보면 어쩌다 줄 하나가 매듭을 지어 우리 발목을 건다. 이내 다른 줄에 걸리고, 또다시 다른 줄에 걸린다. 그래서 우리도 모르는 사이에 뒷걸음질 치게 되고, 절룩거리게 된다. 이런 식으로 상황 은 갈수록 악화된다. 부활의 생명이 가져다주는 즉각성, 자발성, 충만함 을 잃어버리게 되는 것이다.

흥미로운 것은, 이런 과정이 종종 우리가 친구나 동료, 상사 혹은 교인들의 눈에 가장 성공적으로 보이기 시작하는 무렵에 일어나는 수가 많다는 것이다. 성공적으로 보이지만 벌써 생명은 밖으로 새어 나가고 있다. 하나님과 삶이 단절되어 버린 것이다.

나는 채리티의 "평소처럼 살자"와 "내가 생명이 있는 땅에서 여호 와 앞에 행하리로다"[시 116:9]라는 시편 말씀을 이용하여, 우리가 가진 부활의 정체성을 갉아먹는 몇몇 세력들로부터 우리를 지켜 줄 일종의 방벽을 쌓아 보려 한다. 나는 우리가 해야 할 가장 중요한 일이 바로 이것이라고 생각한다. 하지만 우리 주변의 그리스도인들은 여기에 관심이 없다. 부활에 의한 영성 형성이라는 이처럼 깊고 풍성한 전통이 있는데도 왜 그렇게 관심을 가지는 이가 없을까? 나는 지금까지 사십삼 년 동안 목회자의 길을 걸어왔지만, 나의 동료 목사들이 이 부분에 대해 보여주는 무관심에 그저 경악할 뿐이다. 물론 더 신나는 수많은 임무들이 우리를 기다리고 있다. 하지만 영성 형성이라는 임무는 끈기 있게, 시간을 두고, 또 조심스럽고 기술적으로 수행해야 할 일이며, 따라서 우리의 지속적인 관심을 필요로 한다. 그런데도 우리는 필요한 만큼 관심을 기울이지 않고 있다.

우리를 변화시키는 평범한 식사

여기서 나는 부활의 식사에 관심을 기울임으로써 우리의 삶을 침체하게 만드는 이런 스올의 올가미를 어느 정도라도 끊어 보고자 한다. 두 번에 걸쳐 예수의 부활이 식사 자리를 통해 드러나는 일이 있었다. 누가와 요한 두 복음서 기자들은 부활의 식사가 중요하다는 사실을 대단히 강조하고 있다. 부활이라는 상상하기 어려운 초월적 사건이 가장 일상적이고 평범한 행위인 식사와 하나가 된다. 성경에서 삶의 내용과 모양을 습득하는 우리 그리스도인들에게는 음식을 준비하고 서로 나누며 함께 먹음으로써 부활의 삶을 실천하는 오랜 전통이 있다. 따라서 접대를 소홀히 하는 문화는 부활의 배고픔에 직면할 공산이 크다.

누가복음의 식사 이야기는 예수께서 부활하시던 날, 예루살렘에서 엠마오로 가는 11킬로미터 정도의 여행 후에 일어난 일이다^{눅 24:13-32}. 글로바와(어쩌면 그의 아내였을지도 모르는) 그의 친구 한 사람은 한 낯선 인물과 함께 길을 가게 된다. 그리고 이 낯선 사람이 그들에게 말을 걸어온다.

그들이 나눈 대화의 내용은 물론 예수에 관한 것이었다. 아마 대화는 꽤 오랫동안 계속되었을 것이다. 누가가 우리에게 소개하고 있는 것은 그 긴 대화의 요약문인 셈이다. 함께 걸었던 거리를 생각해 보면, 아마 한두 시간 혹은 세 시간 정도는 함께 걸으며 이야기를 나누었을 것이다. 이것은 실제로 내가 아내 잰과 함께 이 길을 직접 걸어 보고서 얻은 결론이다. 시간을 너무 지체하는 일 없이 둘이 함께 걸으면 1.5킬로미터에 20분 정도, 혹은 한 시간에 5킬로미터 정도를 갈 수 있다. 대화를 나누다 보면 속도가 좀 느려져 한 시간에 3킬로미터 정도가 된다. 잰과 나는 망원경을 갖고 다녔는데, 이로 인해 속도는 더 느려졌다. 하지만 두 사람이 1.5킬로미터를 채 못 간 상황에서 예수께서 합세했다고 가정하면, 세 사람이 한 9-10킬로미터 정도는 함께 걸으며 대화를 나눈 셈이 되고, 그러자면 두세 시간은 족히 걸렸다고 생각할 수 있다. 이 정도면 어떤 주제를 두고서라도 심도 있는 대화를 나누기에 충분한 시간이다.

부활의 목전에서

누가가 전하는 바에 의하면, 그들이 나눈 대화는 예수의 재판 및 십자가
처형의 소소한 내용들에 관해서였다. 이 모두는 아직도 그들의 마음에
생생한 기억으로 자리하고 있다. 그들은 예수에 관한 그들의 생각과 느
낌을 함께 나누었다. 예수께로부터 놀라운 권위와 하나님의 임재를 느
꼈는지, 그분을 가리켜 "하시는 일과 말에 능력이 있는 예언자"라고 묘
사했다눅 24:19, 메시지. 그들은 또한 예수께서 그들의 마음에 불러일으켰던
기대감에 관해서도 이야기를 나누었다. 유대인들 사이에서는 오래전 선
지자들이 심어 놓은 희망의 씨앗이 시간의 흐름과 더불어 고조되어 왔
다. 그리고 이 희망은 세대에서 세대로 이어지면서 신실한 백성들의 기
도와 율법 공부를 통해 더욱 강력한 것이 되었다. 예수를 만나면서 바로
이 희망이 그들 속에 싹트기 시작했던 것이다. "우리는 그분이야말로 이
스라엘을 구원하실 분이라는 희망을 품고 있었습니다"눅 24:21, 메시지. 물론
그들은 지금 예루살렘에 떠돌기 시작한 소문에 관해서도 이야기를 나누
었다. "우리 가운데 몇몇 여자들이 우리를 완전히 혼란에 빠뜨렸습니다.
오늘 아침 일찍 그들이 무덤에 갔는데, 그분의 시신을 찾을 수 없었다
고 합니다. 그들이 돌아와서 하는 말이, 자기들이 천사들의 환상을 보았
는데, 천사들이 예수께서 살아 계시다고 했다는 겁니다. 우리의 친구들
가운데 몇 사람이 무덤에 가서 확인해 보니, 여자들 말대로 무덤이 비어
있었지만 예수를 보지는 못했습니다"눅 24:22-24, 메시지.
　　이 대목에 이르기까지 대화를 주도한 사람은 글로바와 그의 친구

였다. 예수께서 질문을 던지는 것으로 대화에 끼어들지만, 그들이 자신
에 관해 말하는 내용을 그저 듣고만 계실 뿐이다. 엠마오 마을로 향하던
이 두 사람은 그들의 말을 경청하고 있는 이 사람이 그들이 말하고 있는
바로 그 사람이라는 사실을 꿈에도 알지 못했다. 그들은 부활의 목전에
서 "생명이 있는 땅"을 걷고 있었지만, 그 사실을 알지 못했다.

　예수께서 그들의 대화에 끼어들어 말씀하기 시작하셨다. 그분은 지
금껏 그들의 대화 속에서 흩어진 단편들에 지나지 않던 내용들을 하나
로 모아 성경에 기록된 보다 크고 포괄적인 계시의 그림 가운데 맞추어
주셨다. 하나님께서 지금까지 행하시고 말씀하신 계시에 비추어 볼 때,
그들을 당황하게 하고 혼란스럽게 했던 일들 하나하나가 얼마나 분명
히 이해될 수 있는지를 보여주신 것이다. 성경은 보다 넓고 통일된 그림
을 그려 보여준다. 숨 가쁘게 쏟아지는 시사 전문가들의 이야기들은 눈
앞에서 벌어지는 중대한 사안들에 뒤처지지 않도록 만들어 준다는 명
분 아래 오히려 우리의 관심을 산만하게 하고 우리의 감각을 마비시키
지만, 성경은 이런 것들로부터 우리를 건져 낸다. 그날 예수께서 풀어 주
시는 성경 말씀을 들으며, 그들은 가장 최신의 것이 아니라 오히려 가장
오래된 것들과 마주하고 있다는 사실을 깨달았다. 말하자면 비로소 그
들은 "사태의 진상을 파악할 수 있었다."

　얼마나 멋진 대화였던가! 이후 이 일을 기억하면서 그들은 이렇게
말한다. "그분이 길에서 우리와 대화하며 성경을 풀어 주실 때, 우리 마
음이 뜨거워지지 않았습니까?"눅 24:32, 메시지

　그리고 그들은 목적지인 엠마오 마을 어귀에 들어섰다. 글로바와

그의 친구는 아직 그들에게 낯선 예수께 함께 저녁을 먹자고 간청한다.
이윽고 이 세 사람은 저녁 식탁에 앉는다. 일이 벌어진 것은 바로 이 자
리에서였다. 그들이 예수를 알아본 것이다ᵘ²⁴ː³¹. 그들이 후에 예루살렘
의 친구들에게 회상하며 말하는 것처럼, 그들은 "예수께서 빵을 떼실 때
에 그분을 알아보았다"ᵘ²⁴ː³⁵·ᵐᵉˢˢᵃᵍᵉ.

영광으로 끝나는 큰 이야기

이름을 알 수 없는 글로바의 친구 집 식탁에 당신이 앉아 있다고 생각해
보라. 그러니까 이 집은 바로 당신 집이다. 유월절을 지키느라 한 며칠
예루살렘에 다녀왔다. 활력 넘치고 극적 감동이 있는 히브리인들의 위
대한 구원 축제 말이다. 어릴 때부터 매년 방문한 예루살렘이라는 장소
와 거기서 벌어지는 의식들 속에는 온갖 기억과 이야기와 노래들이 얽
혀 있다. 이런 것들에서 당신은 자신이 유대인이라는 사실을 확인한다.
이 모두가 바로 당신에 관한 이야기다. 이런 절기들이 반복될 때마다, 당
신이 하나님의 택하심을 받은 존재라는 신념이 다시 확인되고 더욱 깊
어진다.
　그런데 갑자기 당신이 알고 있는, 그리고 무척이나 존경하는 한 사
람이 십자가 처형을 당하고 그로 인해 이 거룩한 절기가 더럽혀지는 어
처구니없는 상황이 벌어진다. 그 피비린내 나고 잔인무도한 죽음에 아
직도 몸서리치고 있는데, 이상한 소문이 들리기 시작한다. 소문은 금세

퍼져 나갔다. 이것은 전혀 생소한 종류의 소문이었다. 천사들이 나타나
그분께서 살아 계신다고 했다는 것이다ᴸᵘᵏ²⁴:²³. 그게 도대체 무슨 말일까?
예루살렘에서 당신의 하루하루는 축제에서 고통으로, 그리고 다시 당혹
스러움으로 바뀌고 만다. 당신의 세계 전체가 걷잡을 수 없이 어지럽게
돌고 있다. 너무나 지친 마음에, 예루살렘을 떠나게 된 것이 오히려 다행
스럽다. 무리들과 폭력과 소문들을 뒤로하고, 집으로 향하는 낯익은 길
을 걸으며 안도의 한숨을 내쉰다. 글로바와 함께 조용히 이야기를 나누
며 이 모든 일들을 천천히 곱씹어 볼 수 있다는 사실이 반갑기만 하다.

그런데 어떤 낯선 사람을 만나게 되고, 그는 당신의 이야기에 흥미
를 보인다. 그가 대화에 끼어들자, 놀랍게도 이 모든 일들의 의미가 명쾌
하게 드러나기 시작한다. 집으로 걸어가는 두어 시간 동안, 당신은 그 사
람이 지난 며칠 동안의 혼란스런 사건들을, 마치 창세기의 하나님이 그
러셨던 것처럼 질서정연한 이야기로 바꾸어 놓는 것을 경험한다. 성경
의 말씀들이 그처럼 친숙하게 와 닿았던 적은 없었다. 바로 당신이 겪었
던 일들, 특별히 지난 5일간의 격동적이고 혼란스러운 죽음의 내음 가득
하고 설명할 수 없는 일들이 결국에는 영광스러운 결말에 이르게 될 커
다란 이야기의 한 부분이라는 것을 꿈에도 몰랐던 것이다ᴸᵘᵏ²⁴:²⁶. 이 사람
의 설명을 통해 창조된 세상은, 당신이 모세와 선지자를 통해 읽고 들은
그 모든 일들을 하나님이 바로 당신의 목전에서 행하고 계시는 그런 세
상이었던 것이다.

예상을 초월한 사건

엠마오로 들어서면서 마음은 차분해지고 다시 예전의 모습으로 돌아온
다. 세 시간 전 예루살렘을 떠날 때는 마음이 뒤숭숭해 있었다. 하지만
이 낯선 손님 덕분에 평소의 평온함을 되찾게 되었다.

날은 이미 저물어 저녁 시간이 되었다. 일주일 혹은 그 이상 집을
떠나 있었으므로 먹을 것이 있을 리 없다. 당신은 떡 파는 집에서 떡 한
덩어리를 산 뒤 손님에게 저녁을 함께하자고 청한다. 그는 끈질긴 간청
을 거절하지 못하고 초대에 응한다. 포도주 한 병을 내오고, 세 사람은
떡과 포도주밖에 없는 조촐한 저녁을 먹기 위해 자리에 앉는다. 글로바
가 포도주를 따른다. 그런데 이 손님은 잠시 당신을 당황케 하는 행동을
취한다. **자기가** 떡을 집어 축복하는 것이다. 당신이 초대한 손님이 당신
에게 식사를 제공하는 주인처럼 행동하는 것이다. 그는 떡을 두고 축복
한 후, 떡을 떼어 당신과 글로바에게 나누어 준다. 그 순간, 당신은 그가
누구인지 깨닫는다. 바로 다시 살아나신 예수인 것이다. 그분의 부활을
목격한 순간이었다.

요한이 기록한 부활 식사는 분명치 않은 어떤 때 갈릴리에서 일어
났다[요 21:1-14]. 이번에는 갈릴리 바닷가에서 나눈 아침 식사였다. 일곱 명
의 제자들이 이 식사에 함께 있었다. 그중 다섯 명은 이름이 밝혀져 있
는데, 베드로, 도마, 나다나엘, 세베대의 두 아들들인 야고보와 요한이다.
나머지 두 사람의 이름은 언급되지 않는다. 나머지 네 제자는 그 자리에
없고, 이들이 어떻게 되었는지에 대해서는 아무런 설명이 없다.

이러한 상황에서 부활의 아침 식사가 시작된다. 일곱 명의 제자들은 얼마 전 예루살렘을 떠나 갈릴리 고향 마을로 돌아왔다. 그들의 귀향은 부활하신 주님께서 친히 명령하신 것이었다. 마태는 이 이야기를 이렇게 전한다. 예수께서 부활하시던 날 아침 무덤에 있던 막달라 마리아와 "다른 마리아"가, 한 천사로부터 예수께서 다시 살아나셨으며 제자들에게 가서 예수께서 갈릴리에서 제자들을 만나실 것이라고 전하라는 말을 듣는다. 그들이 이 말을 전하러 서둘러 가던 중 예수께서 그들에게 찾아오신다. 그리고 같은 말씀을 하신다. "내 형제들에게 갈릴리로 가라고 하여라. 거기서 내가 그들을 만나겠다고 전하여라."마28:10, 메시지.

그들은 들은 말씀을 그대로 제자들에게 전하고, 예수께서는 정말 갈릴리 언덕에서 자신을 만나려고 모여 있는 제자들에게 나타나신다. 거기서 그들에게 사도로서 감당해야 할 사명을 내려 주신다. 어찌 된 영문인지 알 도리가 없지만, 이제 그들 중 일곱이 다시 예전 고기잡이하던 갈릴리 바다로 돌아와 있다. 사실 어찌 된 일인지 상상하기란 그리 어렵지 않다. 베드로는 친구들을 모아 하룻밤 고기를 잡기로 했다. 예수와 더불어 그 치열하고 극적인 몇 해를 보낸 뒤였지만, 그의 몸속에는 여전히 고기잡이의 피가 흐르고 있었다. 이때에는 베드로의 마음이 꽤 느슨해져 있었으리라고 짐작해 볼 수 있다. 부활에 관해 지금까지 무슨 생각을 해왔고 또 무엇을 믿었든지 간에, 지금 그들이 겪게 될 일은 그들의 예상을 완전히 초월하는 사건이었다.

새로 발견하는 부활의 의미

부활이란, 당신이 그런 것을 믿는다면, 다음 세상의 삶과 관계된 것이다. 이것은 당신이 죽고, 묻히고, 하늘에서 영원히 하나님과 함께 있게 된 후에 일어나는 일이다. 그러나 예수의 부활은 이 땅에서 일어났다. 처음으로 예수의 부활을 목격하고 참여했던 사람들은 분명 하늘에 있었던 것이 아니다. 그들은 자신들이 자라고 사람들과 부대끼고 일해 오던 바로 그 땅에서, 함께 자랐던 사람들과 더불어 지금까지 걸어온 바로 그 길을 걷고 있었다.

그리고 부활은 그들이 십자가에서 죽는 것을 보았던 바로 그 존재를 통해 실현되었다. 경이로움이랄까, 놀라움이랄까, 혹은 경악이랄까? 그들의 반응을 제대로 포착하기란 쉽지 않다. 오랜 세월 준비해 온 부활이었을지 모르지만, 이 부활은 그들에게 전혀 뜻밖의 사건으로 다가왔다.

부활 후 얼마나 지났을까. 이제 부활은 그들 자신뿐 아니라 지금도 계속되는 그들의 삶과 관계된 것이기도 하다는 사실이 조금씩 분명해지기 시작한다. 어쩌면 그들은 이 사실을 예수의 부활 자체보다 더 받아들이기 어려워했을지도 모른다. 예수께서는 부활을 통해 전혀 다른 존재가 되어 있었다. 물론 그분은 소중한 분이시다. 하지만 죽음 이후의 삶이라는, 제자들이 지금껏 품어 왔던 부활 개념은 이제 "생명이 있는 땅에서"의 생명이라는 전혀 다른 모습으로 새롭게 드러나고 있다.

이 변화는 혁명적이다. 이는 당시 제자들 못지않게 당신과 나에게도 혁명적 의미를 갖는다. 적어도 내가 생각하기로는, 어쩌면 바로 이것이 그날 일곱 제자들이 다시 고기잡이에 나서게 된 이유일 것이다. 예수의 부활이 자신들의 일상적인 삶과 나누어질 수 없다는 사실을 깨닫기 시작한 것이다. 그들은 새로운 깨달음을 실천할 필요가 있었고, 그래서 다시 일상 속으로 뛰어든 것이다. 바다라는 친숙한 일터와 손에 익은 고깃배로 돌아간 것이다. 물론 나는 그들이 이 사실을 분명히 의식하면서 그렇게 했다고 생각하지 않는다. 마치 우리의 '영성 훈련'이 계획적으로 이루어지지 않는 것처럼 말이다. 그들의 행동은 이제 그들이 살아가게 될 새로운 현실에 대한 일종의 육감적 반응이었다.

"아침 식사가 준비됐다"

그렇지만 그들의 고기잡이는 성공적이지 못했다. 그 사이 감각을 잃어버린 것일까. 그들은 날이 새도록 그물을 던졌지만 "아무것도 잡지 못했다"요 21:3.

해가 뜰 무렵, 예수께서 바닷가에 서 계셨으나, 제자들은 육지에서 구십 미터 남짓(축구 경기장 길이만큼) 떨어져 있었던 터라 예수를 알아보지 못했다. 예수께서 크게 외쳐 고기가 잘 잡히는지 물어보시고, 아무것도 잡지 못했다는 것을 알고는 배의 오른편으로 다시 그물을 던져 보라고 말씀하신다. 그들은 그 말씀대로 하였고, 그물 가득 고기를 잡을 수 있었다.

예루살렘에 있을 때 가장 먼저 무덤으로 달려가 무슨 일이 생겼는지 깨달았던 요한은 이곳 갈릴리에서도 가장 재빠른 모습을 보인다. 바닷가에 서 있는 그 낯선 사람이 다름 아닌 부활하신 예수라는 사실을 알아챈 것이다. 그러고는 빈 무덤을 향해 달리기 경주를 벌였던 베드로에게 이 사실을 알린다. "주님이시다!"요 21:7, 메시지 베드로는 노를 젓고 그물 끌어 올리는 일을 다른 제자들에게 미룬 채, 바다로 뛰어들어 예수께서 계신 곳을 향해 헤엄쳐 간다. 영적 체험이 충만한 사람들이 설거지를 당신한테 미루어 버릴 때의 기분이란!

바닷가에 이르렀을 때, 그들은 예수께서 생선과 떡으로 식사 준비를 해두신 것을 발견한다. 베드로가 다른 제자들을 도와 고기를 모두 내리니, 예수께서 그들을 식사 자리로 부르신다. "아침 식사가 준비됐다"요 21:12, 메시지. 요한과 베드로는 그곳에 서 계신 낯선 사람이 예수라는 것을 이미 알고 있었다. 나머지 다섯 제자들 역시 그분을 알아본다. "그들은 그분이 주님이신 것을 알고 있었다"요 21:12, 메시지. 예수께서는 떡과 생선을 들어 그들에게 나누어 주신다. 바로 부활의 아침 식사였다.

복음서 저자들은 예수께서 식사하는 이야기를 자주 들려준다. 그분이 자신을 계시하시고, 말씀하시며, 일하시고, 사람들을 영접하실 때 사용하신 곳이자, 복음서 기자들이 즐겨 선택하는 배경이 바로 식사 자리다.

이런 이유로 나는 부활에 의한 영성 형성과 생명이 있는 땅에서 주님 앞에 살아가는 우리의 삶을 설명하고 또 거기에 참여하도록 해주는 이 두 번의 식사, 곧 엠마오 글로바 집에서의 저녁 식사와 갈릴리 바닷가에서의 아침 식사에 관심을 기울이게 된다.

일상이 우리를 만들어 간다

우선, 너무 뻔해서 오히려 소홀히 취급하는 한 가지 사실에 주목해 보자. 부활에 의한 영성 형성은 특별히 준비된 환경이라든지 세심하게 선택된 시간이나 장소 등에 좌우되지 않는다. 원칙은 오히려 평범함이다. 음식을 먹는 일보다 더 평범하고 일상적인 일은 없지 않은가.

우리 문화에서는 보통 하루에 아침, 점심, 저녁 세 끼를 먹는다. 우리가 음식을 먹는 가장 큰 이유는 먹지 않으면 안 되기 때문이다. 생물학적으로 목숨을 유지하려면 음식을 먹고 영양분을 섭취해야 한다. 탄수화물, 단백질, 지방, 섬유질, 비타민, 물 같은 것을 계속해서 먹지 않으면 안 되는 것이다. 이것이 바로 창조의 본질이다.

하지만 우리는 즐기기 위해 먹기도 한다. 소금과 후추를 적당히 뿌린 계란, 그 옆에 잘 익은 베이컨 한 조각, 약간의 시리얼에 막 구운 블루베리 머핀. 이런 아침 식탁이라면 가히 예술적인 수준이라 할 만하다. 렌틸 수프와 옥수수 빵으로 친구와 함께 나누는 점심 식사는 대화와 영양이 절묘한 조화를 이루며 더없는 기쁨을 선사한다.

식구들끼리 혹은 친구나 손님과 식사하기 위해 음식을 준비하고 먹는 일처럼, 그렇게 단순 반복하면서도 그처럼 무의식적으로, 그처럼 자연스럽고 평범하게 필요와 즐거움을 하나로 만들어 주는 행위가 또 어디 있을까? 우리는 살기 위해 먹고, 야채나 과일이나 빵처럼 모두 동일한 음식을 먹는다. 그래서 함께 먹는 행위는 적어도 순간적으로나마 거만함을 해소하는 좋은 방법이 된다. 함께 음식을 나누는 행위 속에서

남다름이나 명성은 뒤로 밀려난다.

어느 문화에서나 손님접대의 전통이 존재한다. 또한 이런 전통에는 정직한 관계의 형성, 인격적 존중, 서로 주고받으면서 느끼는 서로 간의 즐거움이 담겨 있다. 그래서 부활하신 그리스도께서 우리를 찾아오시며 우리 속에 그 형상을 이루시는 과정에서, 엠마오에서의 저녁 식사와 갈릴리 바닷가에서의 아침 식사라는 두 번의 부활 식사는 매우 깊은 의미를 갖는다.

영성 형성을 위한 기독교적 훈련이 우리 삶의 일상성과 분리된 어떤 방식을 구상하거나 조직하려 한다면 이는 매우 잘못된 길로 접어드는 것이다. 음식을 먹는 것보다 더 일상적인 일은 없다. 오늘날 교회 문화에서 가장 많이 제공되는 메뉴에 속하는 추상적인 원리들은 그 출발부터 성경의 계시와 어긋나는 것 같다.

아침과 저녁의 식사, 생선과 떡, 엠마오의 집과 갈릴리 바닷가. 바로 이런 것들이 부활에 의한 영성 형성의 조건과 재료가 되는 것이다.

진짜 떡과 생선

두 번째로 관찰할 수 있는 사항은, 이 두 번의 식사가 모두 본래적인 의미의 식사였다는 것이다. 이 식사들은 영적 계시를 위해 특별히 준비된 것이 아니었다. 미리 "설정된" 무대가 아닌 것이다. 이들 식사는 자연스럽고 필수적인 일상생활의 한 부분이었다.

엠마오에서의 식사는 예루살렘에서 집으로 돌아오는 긴 도보 여행 뒤에 이루어졌다. 글로바와 그의 친구는(그리고 필시 예수님도) 배가 고플 대로 고팠을 것이다. 그들의 식사는, 적어도 처음에는, 무슨 사회적인 혹은 종교적인 의미를 담은 것이 아니었다. 오래 걸어 배가 고팠고 그래서 먹을 것을 먹었을 뿐이다. 갈릴리에서의 아침 식사는 밤새 계속된 고된 노동 뒤의 일이었다. 보나마나 배에서 내린 일곱 명의 어부들은 게걸스럽게 떡과 생선을 먹어치웠을 것이다. 그들은 생선이 익고 있고 떡도 미리 준비되어 있었다는 사실이 고마웠을 것이다. 그들이 예수의 초대를 받아들인 것은 배가 고팠기 때문이었다.

성경에는 음식이라는 상징을 통해 하나님을 향한 우리의 욕구를 형상화하는 절묘한 비유들이 많다. "여호와의 선하심을 맛보아 알지어다"시 34:8. "의에 주리고 목마른 자는 복이 있나니 그들이 배부를 것임이요"마 5:6. "골수와 기름진 것을 먹음과 같이 나의 영혼이 만족할 것이라"시 63:5. 예수의 말씀에서도 마찬가지다. "내게는 너희가 알지 못하는 먹을 양식이 있느니라"요 4:32.

하지만 부활의 식사는 전혀 상징적인 것이 아니다. 그들은 실제 떡과 생선을 먹었다. 잘 구워진 떡과 생선은 고픈 배를 채우기 위한 음식이었다.

기도와 묵상 혹은 휴식을 위해 잠시 일상으로부터 벗어나야 할 때가 있다. 이 부분에 있어서도 예수님은 좋은 모범이 된다. "새벽 아직도 밝기 전에 예수께서 일어나 나가 한적한 곳으로 가사 거기서 기도하시더니"막 1:35. 이런 벗어남의 연습이 유용하고 필요한 것은 사실이지만, 누가와 요한이 이런 이야기들을 통해 우리에게 보여주는 것은, 부활에 의한 영성 형성이 이루어지는 일차적 장소는 우리가 하루의 일과 중에 갖게 되는 매일의 식사라는 것이다.

식탁에서 수저를 들 때마다, "거기 있는 소금 좀 주시겠어요?"라고 말할 때마다, 혹은 밥을 한 주걱 더 갖다 먹을 때마다, 우리는 영성 형성의 의미와 가장 잘 어울리는 상황 속에 있는 것이다. 누가와 요한은 우리에게 이런 식사 시간들을 보다 중요하게 받아들이라고 가르친다. 우리의 주일 예배는 소중하다. 우리가 참석하는 성경 공부나 수련회 가는 일 또한 중요하다. 하지만 일생을 두고 본다면, 우리가 의식하지 못하는 가운데 우리의 식사에 소리 없이 함께하시는 부활하신 그리스도의 임재만큼 우리 삶에 큰 영향을 미치는 것은 없을 것이다.

부활을 받아들이고 부활에 참여하기

세 번째로 관찰할 수 있는 사항은, 두 식사 이야기 모두 부활을 인식하거나 깨닫는 일이 지연되고 있다는 사실이다. 엠마오로 가던 두 사람은 왜 바로 예수를 알아보지 못했을까? 이들은 예수의 말씀이나 행적에 대해 속속들이 알고 있었을 것이다. 이야기의 정황을 살펴보건대, 이번이 그들과 예수의 첫 만남이었을 리는 만무하다. 그들은 필시 예수의 설교를 자주 들었을 것이며 그분과 많은 이야기를 나누었을 것이다. 예수를 추종하고 따랐던 무리들은 작은 그룹이었다. 우리의 기준에서 본다면 예루살렘 역시 작은 마을에 속한다. 그렇다면 어째서 그들은 그분을 알아보지 못했던 것일까? 어째서 일곱 제자들은 부활하신 그리스도가 그들과 함께 계심을 알아채지 못했을까? 사실 이 경우는 엠마오 이야기보다 더욱 이해하기 어렵다. 일곱 제자들은 우리가 알기에도 이미 두 번씩이나 부활하신 예수를 보고 그분과 이야기를 나누지 않았던가? 부활하신 그날 그랬고, 또 부활하신 지 팔 일째 되는 날에도 그랬다. 사실 도마는 예수를 만지기까지 했다요 20:19-28.

우리는 그 이유를 알 도리가 없다. 다만 우리가 관찰할 수 있는 것은, 부활하신 예수를 알아보는 데 있어서 그저 우리 눈에 보이는 것으로는 충분치 않다는 것이다. 부활에 참여하는 일이란 강제나 기술적 조작으로 되는 일이 아니다. 여기에는 그저 주어지는 선물로서의 차원, 그리고 그 선물 속으로의 참여라는 차원이 존재한다.

이 두 이야기 어디에서도 부활은 제자들을 압도하지 않는다. 억지로 부활의 인식과 고백을 끌어내고 있는 것도 아니다. 예수께서 부활을 무기 삼아 제자들에게 자기를 예배하고 충성을 바치라고 윽박지르지도 않는다. 교회 일각에서는 예수의 신성을 증명하려는 변증적 목적을 위해 예수의 부활을 이용하는 전통이 있어 왔다. 의도는 훌륭하지만 빗나간 전통이라 할 수 있다(이와 상응하는 것으로, 또 다른 일각에서는 부활을 부인함으로써 기독교 신앙이 근본적인 휴머니즘의 하나일 뿐임을 증명하려는 움직임도 있다).

물론 부활을 변증적으로 사용하는 데는 나름의 일리가 있다. 바울도 그렇게 한다. 하지만 바울조차도 부활 이야기를 할 때는 대부분 우리로 하여금 부활의 **실천**에 참여하도록 하기 위해서다.

여기서 내가 **실천**practice이라고 말하는 것은 피아노를 연습한다고 말할 때의 의미가 아니다. 'practice'라는 영어 단어는 의사가 의술을 시행하거나 병원을 개업하는 것을 표현할 때도 사용된다. 다시 말해, 이 단어는 우리가 하는 모든 일을 포괄하는 단어들 중 하나다.

복음서의 저자들은 아무런 변증적 의도가 없는 것처럼 보인다. 그 자체로 보면 예수의 부활은 도저히 부인할 수 없는 어떤 사건이 아니다. 부활은 믿음을 강요하지 않는다. 부활하신 예수와 몇 시간이나 함께 있으면서도 사태의 진상을 알지 못할 수도 있다. 그들이 믿게 된 것은 부활을 받아들이고 부활에 참여하며 관여하면서였다. 식사는 바로 이런 체험을 위한 이상적인 정황을 마련해 준다.

마술이 아니다!

네 번째로, 우리가 원하면 언제든 예수의 부활을 작동시킬 수 있는 확실한 도식을 고안하겠다고 나서는 일이 없도록, 다음의 사실을 관찰하는 것이 좋을 것 같다. 엠마오 이야기에서 손님을 식사에 초대하는 주체는 글로바와 그의 친구다. 반면, 갈릴리 바닷가에서는 예수께서 친히 제자들을 초대하신다. 이러한 차이를 생각해 보건대, 부활에 의한 영성 형성에 관한 한, 이를 통달할 수 있는 세세한 지침 같은 것은 있을 수 없다. 정확한 방식대로, 정확한 순서대로 하지 않으면 안 된다고 난리법석을 피울 필요가 없다는 뜻이다.

마술을 하거나 주술을 하는 사람들은 수행하는 의식이나 외우는 주문에 한 치도 오차가 없도록 만전을 기한다. 잘못 나간 말 한 마디 혹은 잘못된 행동 하나가 모든 것을 망칠 수 있기 때문이다. 심한 경우에는 오히려 정반대의 결과를 낳기도 한다. 하지만 부활에 의한 영성 형성 과정에는 외워야 할 공식이나 준수해야 할 원칙이 존재하지 않는다. 예수께서 임하시는 것은 우리의 초대에 응하기 위함일 수도 있고 우리를 초대하기 위함일 수도 있다. 그때그때마다 상황이 다를 수 있는 것이다.

식탁의 주인은 언제나 예수님이다

마지막으로 관찰해야 할 중요한 사항은, 두 식사 모두 식탁의 주인이 예수님이었다는 사실이다. 엠마오에서의 경우는 예기치 못한 상황에서 주인 행세를 하셨고, 갈릴리 바닷가에서의 경우는 보다 자연스럽게 식사의 주인이 되셨다. 식사는 대개 주인과 손님의 관계가 전제되며, 눈에 보이든 보이지 않든 여러 사람들이 관여하게 된다. 하지만 식사의 성격과 조건을 결정하는 것은 주인의 몫이다. 훌륭한 주인이라면 전혀 억지스러움 없이 주인으로서의 역할을 수행할 것이고, 그래서 밖에서 구경하는 사람이 보기에 누가 주인이고 누가 손님인지 구분이 안 될 정도로 자연스러운 분위기를 만들어 낼 것이다.

여러 사람이 함께하는 식사에서 으레 형성되는 주인과 손님의 관계는 영성 형성의 본질을 체험할 수 있는 정황을 마련해 준다. 식탁의 손님은 그 식사의 당당한 일원이 된다. 주인이라 해도 손님의 음식을 먹을 수는 없다. 하지만 동시에 손님은 주인에게 완전히 의존하게 된다. 우리가 손님으로 식탁에 앉게 되는 것은 애초부터 주인의 초대가 있었기 때문에 가능한 일이다. 음식을 사거나 채소를 기르고 이를 준비하고 제공하는 것도 주인의 몫이다. 물론 손님으로서 도와줄 수는 있겠지만 말이다. 식탁을 차리고 치우는 것은 본디 주인의 일이다.

성경에서 식사가 종종 하나님께서 우리의 삶 속에 일하시는 방식을 체험하는 배경이 된다는 것은 놀라운 사실이 아니다. 우리는 식사에 온전히 참여하면서도, 온전히 수동적 입장에 머문다. 실제 식사에서 이 두 "온전히"는 함께 뒤섞여 있어서 전혀 구분되지 않는다. 식탁에서 주인의 역할은 독재자의 역할과는 다르다. 친절하고 노련한 주인의 식탁이라면 손님들은 매우 자유롭고 편안한 식사를 즐길 것이다.

식사의 주인은 언제나 예수님이다. 우리가 우리의 영성 형성을 "책임지는" 일은 결코 있을 수 없다. 메뉴를 결정하는 것도 우리가 아니다. 우리의 취향과 입맛에 따라 식탁의 내용을 맞출 수 없는 것이다. 하지만 동시에 우리는 주님의 식탁에 당당하게 앉아 그 식사를 즐기며, 실제로 부활에 의한 영성 형성 자체에 개입하게 된다.

식탁 문화가 해체되고 있다

우리는 함께하는 식사, 혹은 철학자 앨버트 보그만^{Albert Borgmann}이 말한바

"식탁 문화"가 주변으로 밀려나는 시대에 살고 있다. 기계와 그와 관련된 이미지들이 우리의 생활과 사고방식 및 우리가 삶에 관해 말하는 방식을 지배한다.

함께하는 식사는 아마도 우리가 음식이라는 생리적 욕구, 대화와 친밀감이라는 사회적 욕구, 전통을 이어 가고 가치관을 전수하는 문화적 필요를 해결하는 **가장** 근본적인 방법일 것이다. 식사를 준비하고 제공하며 먹고 치우는 일은, 언제나 남녀노소 할 것 없이 가장 단순한 형태의 삶 속에서도 뒤엉켜 나타나는 복잡한 현실의 축소판과 같다. 어떤 사람이라도 식사에 포함될 수 있을 만큼 포용적이고, 생리적, 사회적, 문화적 차원을 비롯한 우리 삶의 모든 영역을 끌어 담을 만큼 포괄적이기에, 식사는 우리가 인간으로서 수행하는 모든 활동을 묘사하기 위한 상징들을 끊임없이 제공해 준다. 이들 상징들은 거의 항상 대단히 개인적이면서도 또한 공동체적이다. 주고받고, 알고 알려지고("여호와의 선하심을 맛보아 알지어다"시 34:8), 받아들이고 받아들여지며, 풍성하고 너그럽다("젖과 꿀이 흐르는 땅").

함께하는 식사에는 종종 드러나지 않고 또 우리가 볼 수도 없는, 희생이라는 체험이 진하게 스며들어 있다. 하나의 생명이 희생되어 다른 이의 생명이 유지되는 것이다. 당근, 오이, 생선, 오리, 양, 송아지 등 식물과 동물 할 것 없이 모든 것이 생명이다. 식사를 하면서 우리는 주고받음을 통해 일어나는 복잡한 희생의 세계에 개입하게 된다. 한 생명이 또 다른 생명을 먹여 살린다. 우리는 결코 자족적인 존재들이 아니다. 우리는 생명을 먹고 살며, 이 생명은 밖에서 우리에게 주어진다.

함께하는 식사가 수행하는 이런 두드러진 역할을 통해 우리는 우
리 가족 및 전통과 친밀한 유대를 유지하고, 친구나 손님들에게 시간을
내며, 배고픈 이들에게 도덕적 의무를 수행한다. 무엇보다 중요한 것은,
이 식사를 통해 우리는 예수와 동일한 언어를 사용하며 그분이 살았던
그 정황과 여건 속에 참여하게 된다는 것이다.

그러나 오늘날 우리들의 삶에서 식사는 그 중요성이 매우 축소되
어 있다. 물론 여전히 먹으면서 살고 있지만, 식사의 세계는 해체되어 버
렸다. 과거 패스트푸드점이 우후죽순으로 들어서게 된 현상은 우리에게
대화를 나눌 만한 여유가 거의 없다는 사실을 잘 보여준다. 또한 식당의
숫자가 엄청나게 늘어나는 것은 집에서 음식을 준비할 시간이 그만큼
적어졌다는 말이기도 하다. 식탁 머리에 자리를 차지한 텔레비전은 사
실상 친밀한 관계와 대화를 없애 버리다시피 하였다. 잘 포장된 냉동식
품이 자주 식탁에 오르면서 그만큼 집안 특유의 조리법을 나누며 함께
요리하는 경험이 드물어지고 있다. 이 모든 것이 의미하는 바는, 제자들
이 부활하신 그리스도를 만났던 그때의 정황과는 달리, 함께 음식을 나
눈다는 것이 더 이상 손쉽거나 자연스러운 일이 아니라는 것이다. 이제
는 식사가 아닌 기계가 우리의 일상생활의 주된 특징 혹은 상징의 자리
를 차지하고 있다.

하지만 우리 모두는 여전히 음식을 먹는다. 그래서 식사는 부활에
의한 영성 형성을 실천할 수 있는 주요한 출발점이자 마당이요, 조건이
된다. 물론 예전보다 더 의도적이며 계획적인 태도로 접근해야 할 것이
지만 말이다.

주의 만찬

식사와 부활에 의한 영성 형성에 있어 가장 핵심적인 의식은 주의 만찬 the Lord's Supper이다. 우리는 이를 성찬, 성례 등 다양한 이름으로 부른다. 이 의식은 기독교가 태동할 때부터 우리 예배의 중심을 차지해 왔다. 이와 더불어 기독교 세계에서는 모든 식사를 일종의 작은 성례로 간주하는 전통이 지속적으로 이어져 왔다. 이런 전통은 예수께서 사람들을 불러 함께 음식을 나누었던 성경의 이야기를 고려해 볼 때 매우 든든한 성경 적 근거를 지닌 것이라 할 수 있다.

영국 성공회의 수도사였던 돔 그레고리 딕스Dom Gregory Dix는 1941년 발표한 논문을 통해 "예전의 형식"the shape of the liturgy이라는 표현을 우리에 게 소개하였다. 그가 이 "형식"을 발견한 것이라 할 수는 없다. 성경과 예배를 연구하는 다른 이들 또한 이것을 인식했기 때문이다. 하지만 예 전의 형식을 매우 인상적으로 묘사해 제시했다는 점에서 그의 글은 특 출하다. 그는 이 형식이 함축하는 모든 의미를 탐구하였는데, 그의 이 놀 라운 논문을 능가하는 연구는 아직까지 나오지 않고 있다.

그가 우리로 하여금 주목하게 하는 부분은, 각기 다른 네 번의 식사 에서 보이신 예수의 행동을 묘사하기 위해 네 개의 동사들이 차례로 반 복 사용되고 있다는 것이다.

첫 번째는 오천 명의 무리를 먹이셨을 때다마 14:13-21. 예수께서 무리 를 자리에 앉히시고 떡 다섯 개와 물고기 두 마리라는 얼마 안 되는 음 식을 손에 드신다. 마태는 이렇게 기록한다. "떡 다섯 개와 물고기 두 마리를 **가지사** 하늘을 우러러 **축사하시고** 떡을 **떼어** 제자들에게 **주시매**. 제자들이 무리에게 주니"^{마 14:19}. 여기 사용된 네 개의 동사는 '가지다', '축사하다', '떼다', '주다'이다.

두 번째 이야기는 사천 명의 배고픈 군중을 먹이신 사건이다^{마 15:32-39}. 이번에도 준비된 음식은 미미하기 짝이 없다. 떡 일곱 개와 물고기 몇 마리뿐이다. 이전과 마찬가지로 예수께서는 무리를 땅에 앉히시고, "떡 일곱 개와 그 생선을 가지사 축사하시고 떼어 제자들에게 주시니 제자들이 무리에게 주었다"^{마 15:36}. 가지고, 축사하고, 떼고, 주는 네 가지 동작이 동일한 순서로 나타나고 있다.

세 번째 이야기는 예수께서 잡히시던 목요일, 곧 최후의 만찬이 있던 저녁이다^{마 26:26-29}. 때는 유월절 저녁이었고, 예수께서 그분의 열두 제자들을 한곳에 모이게 하셨다. 그리고 이야기는 이렇게 진행된다. "그들이 먹을 때에 예수께서 떡을 가지사 축복하시고 떼어 제자들에게 주시며"^{마 26:26}. 여기서도 마찬가지로 가지고, 축복하고, 떼고, 주는 동일한 동작이 등장한다.

누가가 기록한 엠마오의 식사 또한 그중 하나다. "그들과 함께 음식 잡수실 때에 떡을 가지사 축사하시고 떼어 그들에게 주시니"^{눅 24:30}. 다시 한 번 예수께서는 가지사, 축사하시고, 떼어, 주신다.

바울 역시 고린도 교회에 편지를 쓰면서 동일한 이야기를 전해 준다. "내가 너희에게 전한 것은 주께 받은 것이니 곧 주 예수께서 잡히시던 밤에 떡을 가지사 축사하시고 떼어 이르시되 이것은 너희를 위하는 내 몸이니"^{고전 11:23-24}. 비록 네 번째 동사가 생략되어 있지만, 예수께서 제자들에게 떡을 주시는 모습은 그대로다. 따라서 여기에서도 동일한 동작을 확인할 수 있다.

요한복음 21:1-14에 기록된 갈릴리에서의 아침 식사는 이 패턴의 일부만을 보여준다. 예수께서 일곱 제자들을 아침 식사에 부르시고서 "떡을 가져다가 그들에게 주셨다"^{요 21:13}. 이번 경우에는 유일하게 첫 동사와 마지막 동사만 사용되었다.

우리의 삶을 위한 패턴

이것이 바로 돔 그레고리 딕스가 말한 "예전의 형식"이다. 일찍이 기독교 공동체가 태동할 무렵, 성도들의 예배는 바로 이런 성례전적 형식에 의해 결정되었다. 이 패턴은 지금까지도 계속되고 있다. 하지만 이 형식이 규정하고 있는 것은 단지 예배뿐만이 아니다. "생명이 있는 땅에서" 살아가는 우리들의 삶 자체가 식사, 곧 이 중심적이고 지배적인 부활 식사의 형식을 취하는 것이다.

예수께서는 우리가 드리는 것을 **취하신다**^{takes}. 우리의 떡, 우리의 물고기, 우리의 포도주, 우리의 염소, 우리의 양, 우리의 죄, 우리의 좋은 점들, 우리의 일, 우리의 여가, 우리의 강점, 우리의 약점, 우리의 배고픔, 우리의 목마름 등 우리가 가진 모든 것을 받으시는 것이다. 우리는 모든 식사 자리에 무엇보다 우리 자신을 가져간다. 그리고 예수께서는 그것을 취하신다. 우리 자신을 받으시는 것이다.

예수께서는 우리가 가져가는 것과 그것을 가져가는 우리들을 두고 **축복하시며 감사를 드리신다**^{blesses and gives thanks}. 그분은 성령으로 그것을 아버지께 가져간다. 식탁 위에 혹은 둘레에 무엇이 있든지 모두 축복과 감사를 통해 하나님께 들려진다. 그분은 우리를 드리며 우리를 하나님 안으로, 삼위 하나님의 관계 속으로 이끌고 가신다. 예수께서는 우리가 드리는 것을 비판하거나 정죄하거나 거부하지 않으신다. "가져왔다는 게 고작 물고기 두 마리뿐이냐?" 식탁에서 이렇게 말씀하시는 예수를 상상할 수 있겠는가?

예수께서는 우리가 가지고 간 것을 **떼신다**^{breaks}. 너무나 자주 우리는 최상의 예절과 범접할 수 없는 자기만족의 자세로 식탁에 앉는다. 오로지 겉모습 혹은 역할에만 신경을 쓴다. 인생이라는 게임을 수행하는 세련되고 계산된 참가자들이다. 하지만 예수께서는 내적인 것에 주목하시며, 우리 속에 숨어 있는 우리의 어설픈 모습을 드러내신다. 식탁에서는 나만의 세계에 머무는 일이 허락되지 않는다. 자기충족적인 상태에 머물도록 허락되지 않는 것이다. 우리는 십자가 안으로 이끌려 간다. 우리는 함께 식사를 나누며 이 십자가를 몸으로 표현한다. 우리의 교만과 자족감이 깨어지면서^{breaking}, 새로운 삶, 새로운 행동이 우리 앞에 제시된다. 식탁 위에 놓인 것은 모두 일종의 생명의 교환, 곧 우리의 주인에 대한 나름의 희생을 가리킨다. 거짓과 위선으로 단단해진 속과 딱딱하게 굳은 껍질로 예수께 나아가지만, 그분은 우리를 산산이 부숨으로써 새로운 삶을 가져다주실 것이다. "하나님이여, 상하고 통회하는 마음을 주께서 멸시하지 아니하시리이다" ^{시 51:17}.

우리는 예수 안에서 이런 깨어짐을 처음으로 경험한다. 그분은 깨어졌으며 그분의 피는 쏟아져 흘렀다. 그리고 이제 우리는 우리 안에서 이 깨어짐을 발견한다.

그 다음 예수께서는 우리가 그분께 가져간 것, 그리고 우리 자신을 **다시 나눠 주신다**^{gives back}. 하지만 그것은 더 이상 우리가 가져간 그대로가 아니다. 우리 자신, 곧 우리가 식탁에서 예수께 가져간 자아는 하나님께서 주시는 것, 곧 우리가 '나 같은 죄인 살리신'^{Amazing Grace}이라는 찬송으로 노래하는 바로 그것으로 변화된다. 우리가 식탁에서 거룩해진 몸과 거룩한 피를 먹고 마시면서 변화가 일어난다. "내 안에 계신 그리스도"와 함께하는 부활의 식사인 것이다.

우리는 성찬의 식탁 앞에서 부활의 실천을 시작하지만, 그것이 전부가 아니다. 우리는 우리가 먹는 모든 식사에서 동일한 부활의 실천을 계속한다. 그리스도인의 모든 식사는 부활하신 주님께서 주인으로 임재하시는 성만찬에 그 근거를 두며, 우리는 이 성찬을 매일 먹고 마심으로 부활의 의미를 확장해 간다.

우리가 음식을 먹기 위해 식탁에 앉아 예수의 이름을 부를 때마다, 부활에 의한 영성 형성의 모든 요소들이 그대로 드러난다. 우리의 삶 가운데 가장 평범한 행위가 곧 가장 심오한 변화의 장이 된다는 사실이 참으로 놀랍다. 예전의 형식을 통해 증거하고 참여하는 자연과 초자연의 결합은 바로 당신의 부엌 식탁에서도 이루어지고 또 계속될 것이다.

"밥 다 됐다. 얼른 나와서 먹어라."

"거기 있는 소금 좀 주시겠어요?"

"할머니, 이제 하나님 이야기는 그만해요, 네?

평소처럼 그렇게 살자고요."

3.
부활의 친구들

그들은 한시도 지체하지 않고, 일어나서 곧장 예루살렘으로 돌아갔다. 가 보니, 열한 제자와 친구들이 함께 모여 이야기하고 있었다. "사실이다! 주님께서 살아나셨다. 시몬이 주님을 보았다!" 누가복음 24:33-34, 메시지

마귀가 거둘 수 있는 최고의 성과는 바로 그리스도인들로 하여금 스스로를 평신도^{layperson}라고 생각하게 만드는 것이다. 'layperson'이라는 단어는 거의 항상 비전문가를 가리킨다. 비전문가는 팔을 걷어붙이고 수술실로 들어가 수술대에 누운 환자의 몸에 메스를 들이대지 않는다. 환자의 입장에서도 절대 그런 일을 용납할 수 없을 것이다.

사람들은 중요한 일일수록 당연히 능력과 전문성과 기술을 갖춘 사람에게 그 일을 맡기려 한다. 때로는 증명서나 졸업장, 배지나 타이틀 혹은 추천서 같은 분명한 증거를 요구하기도 한다. 사안이 중대해질수록 우리는 최고를 원하는 것이다. 다시 말해, 우리는 비전문가를 원하지 않는다.

하지만 여기에는 문제가 있다. 정보가 넘쳐날수록 우리가 알아야 할 것도 점점 더 많아져서 결국 스스로 감당할 일은 적어지고 다른 사람들(전문가)에게 의존할 일이 많아지는 것이다. 그들에게 가서 무슨 일이 벌어지고 있는지 묻고, 그것이 어떤 의미를 갖는 일인지 들어야 하는 것이다. 기술이 발달하면서 기계나 엔진 혹은 제조 공정도 복잡해져서 그것을 습득하는 데 더 많은 시간과 노력이 요구된다. 그래서 우리는 전문가들에게 우리가 사용하는 물건들을 수리해 달라고 부탁한다. 우리가 모르는 것들이 매일 새로 나타나고, 우리가 할 수 없는 일들이 계속해서 생겨난다. 하루를 살아가는 데도 수많은 전문가들의 도움이 필요하며, 그럴수록 우리의 정체성은 비전문가로 굳어진다.

내가 처음으로 몰았던 차는 '모델^{Model} A'였다. 나는 그 차를 수리할 줄 알았고, 그 차에 관해서는 어떤 것도 다 고칠 수 있었다. 그렇다고 내가 특별히 기계에 정통한 사람도 아니다. 원래 그 차종 자체가 나 같은 사람들을 위해 만들어진 모델이었다. 하지만 지금 내가 몰고 있는 차는 혼다에서 나온 모델인데, 나는 보닛을 여는 법조차 모른다.

마귀에게는 바로 이때가 최적의 조건이다. **비전문가**라는 말이 그저 무언가에 관한 객관적 지식이나 무언가를 할 수 있는 능력뿐 아니라 내가 어떤 사람인가 하는 정체성까지도 규정하고 있다면, 나라는 존재는 결국 수많은 전문가들이 찾아와 어떻게 사는 것인지를 가르쳐 주거나 심지어 대신 살아 주기까지 하는 전문가들의 시장터로 전락하고 말 것이다. 물론 내 존재와 내 행위의 중심은 하나님이시다. 그분은 내가 알 수 있는 것보다 훨씬 더 위대한 분이시며, 그분이 일하시는 방식에는 내가 파악할 수 있는 것 이상의 신비가 숨어 있다. 그래서 나는 편안한 마음으로 전문가들이 이런 일들을 대신 해주도록 맡기는 것이다.

하지만 결국 나는 내 영혼의 문제까지도 전문가에게 맡기게 된다. 직접 하나님과 관계하지 않는 것이다. 사실 나는 영적인 비전문가, 곧 평신도가 아닌가? 물론 전문가의 인도를 받으면서 나는 여전히 하나님과 관계된 일에도 관여하고 하나님이 포함된 말이나 표현도 제법 사용한다. 나는 즐거운 마음으로 하나님의 사업에 참여하며, 전문적 훈련을 받은 이들을 함께 도우면서 나름대로 수행하고 있다. 물론 이런 영적인 문제들에 있어서는 목회자들이나 전문가들이 나보다 한 수 위라는 식의 자기비하적 생각으로부터 자유롭지 못한 채로 말이다.

그래서 예수를 따라가는 일은 예수 전문가들을 따라가는 일로 대체된다. 그러다 보면 머지않아 하나님과의 관계에서 나는 소비자의 습성을 체득하게 된다. 내가 필요로 하는 상품과 서비스를 다른 사람에게서 찾는 것이다. 물론 나는 **종교적인** 소비자다. 하지만 소비자라는 사실은 매한가지다. 수동적 태도를 가진 마비된 영혼이 되는 것이다.

기독교적 정체성에 대한 위협

실제로 마귀는 이런 문제에서 손쉽게 우리들을 다루고 있다. 비열함이나 폭음 혹은 간음 같은 죄로 우리 영혼을 파괴하기 위해 복잡한 계략을 짜내지 않고도, 또한 죄책감에 못 이긴 우리들의 갑작스런 회개로 모든 일을 망치는 위험을 감수할 필요 없이, 그저 평신도라는 생각을 우리의 정체감 속에 슬쩍 밀어 넣기만 하면 된다. 우리 몸속에 살고 있는 기생충처럼 말이다. 그렇게 되면 우리는 하나님과 직접 상대할 자격이 없다는 생각을 하기 시작한다. 부적합하다고 여기는 것은 겸손한 것과 다르다. 그러다 보면 결국 하나님과 직접 관계하는 일을 중단하게 된다. 우리 대신 그 일을 해줄 전문가들이 주변에 차고 넘치기 때문이다. 그런 일이 반복되면, 우리는 금세 주님을 따르고 그분의 말씀을 들으며 그분께 아뢰는 일을 멈추어 버린다. 도대체 어쩌다 이런 지경이 된 것일까?

이런 현상을 가리키는 오래되고 투박한 이름이 있다. 바로 배반이다. 복잡할 것도 없이 단순히 말해 배반일 뿐이다. 그러면서도 스스로 죄를 짓고 있다는 생각을 한 번도 하지 않는다. 마귀는 얼마나 교묘한가?

진정한 영성 형성을 위해서는 잠자코 평신도라는 정체성을 받아들이라는 식의 마귀의 부추김을 단호히 거부해야 한다. 평신도 근성은 그리스도인으로서의 성품 계발이나 교회의 복음 전파에 치명적인 영향을 미치기 때문이다. 우리에게 가장 소중한 것은, 남녀노소 할 것 없이 모든 사람들이 각자의 삶 본연의 자부심과 자신감을 회복하는 일이다. 하나님 그리고 우리가 속한 공동체, 미덕과 순종, 모든 개인 관계, 서로 살을 맞대고 함께 음식을 나누는 일, 안식을 지키는 일, 자신의 이름을 서명하고 아기의 이름을 짓는 일에서 말이다. 자동차 수리, 치아 교정, 히브리어 해석, 컴퓨터 프로그래밍 같은 분야에서는 자신의 비전문가성을 인정할 수밖에 없고 또 그럴 의향이 있다 하더라도, 그것이 우리의 기독교적 정체성과 삶에 접근하려 한다면 단호히 배격해야 한다.

그래서 우리는 매일매일 온갖 구체적인 일을 통해 부활을 실천하는 일에 나서게 된다. 하나님 및 다른 사람들과 함께하는 직접적이고 개인적인 삶을 받아들이고 소중히 여기며, 하나님께서 창조하신 생명의 기적 앞에서 입을 벌리고 감탄한다. 식탁에 앉아 밥을 먹을 때마다, 그리스도께서 그 자리의 주인 되심을 거듭 확인한다. 또한 우리 문화가 던지는 세속적 혹은 종교적 유혹의 손길을 분별해 낸다. 곧 그리스도 안에서 우리가 받은 새로운 삶에 대한 전체적이며 전 공동체적인 응답을 방해

하려는 유혹 말이다. 그리하여 우리는 우리가 세례를 통해 부여받은 정체성(이것이 이번 장의 주제다), 곧 아버지 하나님, 아들 하나님, 그리고 성령 하나님의 관계 속에서 친히 주어진 우리의 정체성을 회복한다.

샘물의 근원

약 백 년 전, 영국의 기독교 저술가 체스터턴^{G. K. Chesterton}은 평범하고 기본적인 인간의 활동마저도 전문가들이 독점해 가는 경향에 대해 불평한 적이 있다. 그는 식구들이 식탁에 둘러앉아 화음을 맞추어 다함께 찬송하던 것이 그리 옛날 일이 아니라고 말했다. 지금은 한 사람이 마이크 앞에서 대신 노래를 불러 준다. 다른 사람들보다 노래를 더 잘 부른다는 터무니없는 이유로 말이다. 체스터턴은 이렇게 내다보았다. 만약 일이 이런 식으로 계속된다면, "다른 사람들보다 더 잘 웃을 수 있다는 이유로, 한 사람만이 웃게 될 날이 오고 말 것이다."[1]

오늘날 이런 현상은 더욱 심화되고 있다. 그리스도인들의 생각을 끊임없이 오염시키면서 말이다. 이것은 인간의 지위에 치명적인 손실을 입힌다. 하지만 오래전 체스터턴이 그랬던 것처럼, 그리스도인들이 종교적 소비자 습성에 빠져 제자로서의 영예와 자존심을 포기하려 할 때, 그 결과로 야기될 영적 파탄에 경종을 울릴 목소리들이 없는 것은 아니다. 종교 전문가들에게 의존하려는 경향, 곧 영성을 상품화하고 교회를 프로그램 판촉과 판매의 시장터로 취급하는 소비자 심리가 우리의 의식을 거침없이 파고들고 있지만, 우리를 그런 오염된 경향에 저항하도록 격려하고 인도하는 강하고 명민한 그리스도인들이 있는 것이다. 어쩌면 이 책을 읽는 이들 중에도 있을 것이다. 하지만 하나님께서 이 정도로 만족하실 것 같지는 않다.

예수의 부활은 모든 기독교 영성 형성에 핵심이 되는 사건이다. 내가 의도하는 바는 이 사건의 무대를 우리 생각의 중심에 재확립하는 것이다. 그리고 요즘 횡행하는 심리주의, 도피주의 혹은 전문가 의존주의처럼 우리 영혼 속의 목마른 사슴이 마셔야 할 시냇물시 42:1을 오염시키는 흐름들에 대항하게 하는 것이다. 예수의 부활이 바로 그 시냇물이다. 그리스도인의 영혼이 필요로 하는 샘물의 근원인 것이다. 노래하는 자와 춤추는 자는 말한다. "나의 모든 근원이 네게 있다"시 87:7.

1장에서 나는 영성 형성을 설명이나 조작 혹은 통제의 수준으로 축소하려는 경향에 대항하여 부활의 경이로움, 곧 다섯 명의 여인과 두 명의 남자가 부활하신 예수 앞에서 경험했던 경악과도 같은 놀라움에 관해 말했다. 그리고 이 부활의 경이를 안식일을 지키는 것과 연결하였다.

2장에서는 영성 형성의 핵심에서 벗어나 이를 비밀스럽고 황홀하며 에로틱한 것으로 만들려는 경향에 대항하여 부활의 식사, 곧 예수께서 식탁의 주인이 되셨던 엠마오에서의 저녁 식사와 갈릴리 바닷가에서의 아침 식사에 관해 말했다. 그리고 이것을 주의 만찬이라는 토대 위에 안착시켰다.

그리고 이번 장에서는, 영성 형성의 자리에서 벗어나 전문가에게 의존하려는 경향에 대항하여 한 무리의 평범한 친구들을 제시하려고 한다. 이들은 모두가 평신도(비전문가들)로서, 부활 영성의 형성에 가장 우선적인 역할을 담당한 사람들이다. 나는 이것을 거룩한 세례와 연결할 것이다.

친구들과 함께

영성 형성은 전문가에게 의존해서는 안 될 뿐 아니라 의존하는 것이 불가능한 사안이기도 하다. 영성 형성이란 본질적으로 친구들, 곧 대등한 관계 안에서 일어나는 것이기 때문이다.

예수의 부활은 서로를 너무도 잘 아는 친구들 사이에서 일어났다. 이들 중 어떤 이들은 우리에게도 그 이름이 친숙하다. 부활이란 서로 인격적으로 얽히는 법이 없는 불특정한 군중들 앞에서 일어나는 무슨 공연 같은 사건이 아니다. 부활은 본시 긴밀한 인간 관계의 그물 속에서 체험된다. 부활 이야기들에 구체적인 이름이 등장하고 있다는 것은 부활이 우리와 같은 평범한 사람들 사이에서 일어난다는 것을 말해 준다. 부활이란 놀라고 당혹스러우며, 혼란스럽고 의문에 휩싸인, 심지어 고집스런 의심에 가득 찬 그런 사람들 사이에서 일어나는 일인 것이다. 물론 그 속에는 찬송하고, 믿으며, 기도하고 순종하는 친구들이 있을 것이다. 이 모두는 부활이 삼위일체 하나님으로부터 유래한다는 사실과 관련이 있다. 비인격적 덩어리가 아니라 인격적 관계에 근거한 사건인 것이다.

마태는 부활의 영성을 체험한 친구들을 처음으로 언급하고 있는 신약 기자다[마 28:16-20]. 마태가 들려주는 이야기에 의하면, 막달라 마리아와 "다른 마리아"는 일요일 아침 부활하신 그리스도를 만나 제자들에게 소식을 전하라는 분부를 받는다. 예수께서는 제자들을 "나의 형제들"이라 부르며[마 28:10, 메시지], 그들에게 갈릴리로 가서 자신을 만날 것을 지시한다.

여인들은 예수의 말씀을 따라 유다를 제외한 열한 명의 제자들에게 그 소식을 전한다. 그리고 제자들은 지시받은 산으로 가서 예수를 만난다. 하지만 이것은 이상하리만치 모호한 만남이었다. "의심하는 사람들"도 있었던 것이다[마 28:17].

어떻게 그런 일이 있을 수 있을까? 그들이 주님을 경배한 것은 틀림없는 사실이지만, 의심하는 사람이 있었다니. 누구였을까? 도대체 의심한 사람이 누구였는지 궁금하지 않은가? 또 의심한 사람이 얼마나 되었을까? 몇 명에 지나지 않았을까, 아니면 대부분이 그랬을까? 그들의 의심은 얼마나 오랫동안 계속되었을까? 그저 잠깐 그러다 만 것일까? 며칠이 지나도록 계속 의심을 품고 있었던 것은 아닐까? 아니면 평생 동안?

중요한 것은 이것이다. 예수께서는 한 사람도 빠짐없이 모두가 수긍하게 되어야만 일을 진행하는 그런 분은 아닌 것 같다. 그분은 그들 전체를 그냥 친구들로 생각하고 말씀하셨다. 경배하는 자나 의심하는 자나 다 같이 말이다. 예수께서 지시하신 것은 그들이 예수와 함께 지금껏 해오던 일을 계속하라는 것이었다. 그 말씀을 수행하는 동안 함께하시겠다는 약속과 더불어서 말이다.

"하나님께서 내게 주신 권세와 명령으로 너희에게 이 일을 맡긴다. 너희는 세상으로 두루 나가서 만나는 모든 사람마다 이 생명의 길로 훈련시키고, 아버지와 아들과 성령의 이름으로 그들에게 세례를 주어 표를 삼아라. 그리고 내가 너희에게 명령한 모든 것을 삶으로 살아가도록 가르쳐라. 너희가 이 일을 하는 동안에, 이 시대가 끝날 때까지 날마다 하루도 빠짐없이, 내가 너희와 함께 있을 것이다."^{마 28:18-20, 메시지}.

세 개의 동사가 그들이 살아가는 부활의 삶을 움직여 간다. 훈련시키고, 세례를 주고, 가르치는 일이다.

마태의 이야기는 이렇게 마무리된다. 그는 상황적 색채나 당시의 감정, 혹은 인간적으로 우리가 궁금해할 만한 일들에 별 관심을 보이지 않는다. 그의 이야기는 분명하고, 간결하며, 깔끔하다. 마치 전자수첩으로 메모해 두기라도 한 것처럼 매우 깔끔하게 정돈되어 있다.

부활의 인식 과정

누가는 마태의 짧고 교훈적인 문체에 분위기 묘사까지 첨가하여 이야기를 더욱 풍성하게 만든다^{눅 24:36-53}. 그는 엠마오로 가던 두 사람이 일요일 저녁 예수와의 부활 식사를 나눈 뒤 다시 예루살렘으로 돌아왔으며, 그들이 "길에서 있었던 모든 일"과 식사 중에 일어난 일을 다른 제자들에게 이야기하고 있음을 전한다^{눅 24:35, 메시지}. 이들 친구들이 깊은 대화에 빠져 있는데, 갑자기 예수께서 그들 앞에 나타나신다. 그들은 자기들이 유령을 보고 있는 줄 알고 잔뜩 겁을 먹는다. 하지만 예수께서는 지금 자신이 그들 앞에 살과 피를 가진 사람으로 서 계신다는 사실을 분명히 하시며 그들을 안심시킨다. 그러고는 마치 의심의 여지 없는 증거를 제시하시기라도 하듯, 그 자리에 먹을 것이 좀 있는지 물으신다. 그들은 "요리해 둔 생선 한 토막"눅 24:42, 메시지을 드리고, 예수께서는 그것을 받아 그들이 보는 앞에서 드신다.

예수께서는 계속해서 어떻게 그들이 성경의 계시라는 크고 포괄적인 틀 속에서 자신을 인식하고 이해할 수 있는지에 관해 말씀하신다. 그분은 "내 아버지께서 약속하신 것을 내가 너희에게 보내 주겠다"눅 24:49, 메시지고 선언하신 후, 그들을 베다니로 데리고 가셔서 축복하신 후 떠나가신다. 제자들은 "터질 듯한 기쁨을 안고"눅 24:52, 메시지 베다니에서 예루살렘으로 돌아온다.

이 사람들은 마태의 이야기에 등장하는 바로 그 열한 친구들(제자들)이다. 하지만 다른 두 사람, 곧 글로바와 엠마오 여행에 동행했던 사람까지 포함하면 모두 열세 명이다. 이들 중 누구도 직접 말을 하는 사람은 없다. 하지만 우리는 이들이 유령을 보고 있다고 생각하며 극한 두려움에 빠진 채 부활을 인식하지 못하는 상태에서 부활을 깨닫게 되는 상황으로 옮겨 가는 이야기를 듣는다. 이미 예수를 알아본 적이 있으면서도 여전히 그분을 알아보지 못한다는 사실이 흥미롭지 않은가? 무엇이 그들로 이런 실수를 하게 했을까? 부활은 직접 개입하고 참여하지 않으면 안 되는 일이다. 그저 카메라를 들이대고, 사진을 뽑아, 그것을 호주머니에 넣고 다녀서는 그분이 살아나셨다고 말할 수는 없다.

부활의 인식은 두 단계의 과정을 통해 이루어졌다. 우선 그들은 예수께서 유령이 아니라 육신을 가진 몸으로 생선을 받아 드시는 것을 목격했다. 그런 다음 그들은 예수의 가르침을 받아 예수께서 성경의 계시와 어떻게 연결되는지, 또 그것을 어떻게 성취하시는지 알게 되었다. 그들이 눈으로 본 것과 그들이 성경을 통해 이해하게 된 내용은 모두 한 가지 사실을 가리키고 있었다. 비로소 상황이 분명해졌다. 그들은 복되고 기쁜 마음으로 그날을 마칠 수 있었다.

구체적인 증거

요한은 예수와 제자들이 가진 일요일 저녁의 만남에 관해 누가와 거의 비슷한 이야기를 들려준다요 20:19-23. 그는 누가가 언급하고 있는 몇몇 세부 사항들을 생략하지만, 대신 다른 몇 가지 사항을 추가로 언급한다. 지금 우리가 부활에 의한 영성 형성에 관심을 갖고 있는 만큼, 그중에서 가장 흥미롭고 가장 의미심장한 것을 찾자면 바로 이것이다. "예수께서 숨을 깊이 들이쉬었다가 그들에게 내쉬며 말씀하셨다. '성령을 받아라.'"요 20:22, 메시지.

그런데 요한은 부활과 관련된 또 하나의 이야기를 들려준다. 누가와 요한이 기록하고 있는 바로 이 일이 있은 지 꼭 한 주가 지난 후다. 요한은 그 첫 번째 만남에서는 도마가 빠져 있었다고 이야기한다. 다른 제자들이 그 만남에 관해 말해 주었지만, 도마는 그 말을 믿지 않았다. 그는 후에 자신을 유명한 인물로 만들어 준 바로 그것을 요구한다. 손에

잡을 수 있는 증거를 요구한 것이다. 다시 말해, 그분의 손에 난 못 자국에 자신의 손가락을 넣어 보고, 그분의 옆구리에 자신의 손을 넣어 보아야만 하겠다는 것이다. 마침내 도마는 자신이 원하는 것을 얻는다. 예수께서 모습을 드러내시고 함께 모인 제자들에게 인사를 건넨다. 그런 다음 도마를 부르시며 손과 옆구리를 내밀어 그가 요구하는 증거를 보여 주신다. 여기서 도마는 강렬하면서도 여운 깊은 네 마디 기도를 발한다. "나의 주님! 나의 하나님!"^{요 20:28, 메시지}. 이 기도의 헬라어 원문은 일곱 단어로 이루어져 있다. 예수께서는 이 고백을 받아들이시고 앞으로 자신을 만져 보거나 눈으로 보는 특권 없이 믿게 될 모든 이들에 대한 축복의 말씀을 전하신다.

예수의 부활은 우리를 다른 사람과 엮어 놓는다

바울은 복음서 기자들이 우리에게 알려 주는 내용에 몇 가지 사항을 추가한다. 그는 자신을 부활의 첫 증인들의 무리에 포함시킨다^{고전 15:3-8}. 바울이 제시하는 증인 목록은 베드로에게서 시작하여 "가장 가까운 제자들"^{고전 15:5, 메시지}인 열두 제자들로 이어진다. 그러고는 복음서에 등장하지 않는 사실이 하나 등장한다. 그는 이렇게 말한다. "그 후에 그분께서는 한 번에 오백 명이 넘는 제자들에게 나타나셨는데, 그들 가운데 몇 사람은 세상을 떠났지만, 대부분은 지금도 우리 곁에 살아 있습니다"^{고전 15:5-6, 메시지}. 사실 생각해 보면 무척이나 놀라운 상황이 아닌가? 예수께서 나타나셨을 때 그들은 과연 어디 있었던 것일까? 예루살렘의 성전에 있었을까? 갈릴리의 시골에 있었을까? 예수께서 그들을 가르치셨을까? 그 만남은 얼마나 오랫동안 계속되었을까? 그런데 왜 그것에 관해 기록을 남긴 사람이 없을까?

"야고보와 나머지 사도들"고전 15:7, 메시지에 관한 이야기 역시 새로운 사실이다. 사실 야고보가 포함되었다는 것은 매우 은혜로운 일이 아닐 수 없다. 왜냐하면 여기서 말하는 야고보는 바로 여태까지 예수와 아무 상관도 하고 싶어 하지 않았던 예수의 동생 야고보를 가리키는 것이기 때문이다.요 7:2-9.

바울이 작성한 목록의 마지막에는 바울 자신이 등장한다. "그분께서는 마지막으로 나에게도 생생히 나타나셨습니다"고전 15:8, 메시지. 누가가 기록한 바로 이 부활 현현의 기록은 사도행전 9:1-19에 나온다. 또한 나중에는 바울이 자기 입으로 예루살렘 군중 앞에서행 22:6-16, 그리고 아그립바 왕 앞에서행 26:12-23 자신을 변호하며 이 이야기를 들려준다.

바울은 전혀 예기치 않은 방식으로 예수의 부활을 목격한 후, 1세기 당시의 교회에서 가장 열정적이고 능력 있는 설교자와 교사 가운데 한 사람이 된다. 그는 또한 가장 많은 글을 남기기도 했다. 그의 편지들은 기독교 신앙을 살아가는 데 있어 부활이 차지하는 결정적이고 불가결한 역할에 관해 대단히 많은 가르침을 담고 있다.

바울의 편지들은 부활에 관해서 모두 53번이나 언급하고 있다. 바울 서신에서 예수의 부활은 애초부터 복음을 사람들의 삶에 뿌리내리게 만들고 또 계속 역사해 가도록 하는 사건이다. 부활에 관한 바울의 진술

들은 대부분 예수의 부활이 차지하는 중심적 위치나 죽은 자들 가운데
서 우리가 부활할 소망의 확실성, 혹은 이 두 가지 전부를 강조하는 것
들이다. 하지만 이들 중 여섯 개의 부활 관련 구절들은 예수의 부활이
지금 현재 계속되는 우리의 영적 성장과 관련되어 있음을 잘 보여주고
있다롬 6:4; 8:11, 엡 2:6, 빌 3:10, 골 2:12; 3:1. 다시 말해, 미래의 부활이 아니라 현재적
의미의 부활에 관해 말하고 있는 것이다. 우리가 지금 관심을 가지는 주
제가 바로 이것이다.

　바울이 증거하는 한 가지 사실은, 부활은 예수에 관해 우리가 믿어
야 할 교리적·역사적 진리, 혹은 우리 자신의 미래에 관해 믿어야 할 교
리적·종말론적 진리를 뛰어넘는다는 것이다. 오히려 바울의 일차적 관
심은 우리의 영성 형성, 곧 부활에 기초한 영성 형성에 있다.

　이렇게 해서 바울 또한 우리가 복음서 기록들에서 만나는 부활 친
구들의 무리, 곧 기독교적 영성 형성이란 본질적으로 부활의 실천을 의
미한다는 사실을 보여주는 그 친구들 중 한 사람이 된다.

　이렇게 부활 이야기의 마지막 장을 살펴보면서, 우리는 예수의 부활
이 우리를 다른 사람과 엮어 놓는다는 사실을 더욱 깊이 느끼게 된다.
부활은 친구들 간의 유대를 형성해 준다. 부활이 우리를 인도해 들어가
는 곳은 서로가 서로를 의존하는 공동체, 자기 자신을 더 이상 독자적인
존재로 생각할 수 없는 남자들, 여자들, 혹은 아이들의 공동체다. 하지만
이런 부활 공동체는 결코 획일적인 것이 아니다. 모든 사람들이 다 같은
생각을 하는 것도 아니며, 심지어 모든 사람이 다 부활을 믿는 것이 아
닐 수도 있다.

영적 엘리트는 없다

여기서 우리가 먼저 관찰할 수 있는 사항은, 예수의 부활을 인식하고 거기에 응답하는 일은 결코 개인적 체험이 아니라는 사실이다. 부활은 우리가 다른 사람들과 함께 있을 때 일어난다. 우리는 연속되는 두 일요일에 걸쳐 예루살렘에서 일어났던 두 번의 만남에 관해 알고 있다. 첫 번째는 열셋, 그리고 두 번째는 열한 제자들과의 만남이었다. 바울 역시 친구들과 함께 있을 때 일어났던 부활 체험에 관해 언급하고 있다. 그것은 열두 제자들, "오백여 형제들" 그리고 "모든 사도들"과의 만남이었다고전 15:5-7. 앞에서 우리는 엠마오의 식탁에 앉았던 두 사람, 갈릴리에서의 아침 식사에 있었던 일곱 제자들, 마태가 언급하는 두 명의 마리아, 마가복음에서 예수의 무덤에 향료를 들고 가던 여인들, 그리고 누가복음에서 예수의 시신을 돌보기 위해 가던 네 명 이상의 여인들에 관해서도 생각해 보았다.

이 점에 대해 예외가 있다면, 우리가 살펴본 첫 번째와 마지막 이야기다. 하지만 이들 역시 단지 부분적인 의미에서만 예외가 될 뿐이다. 왜냐하면 첫 번째 이야기에서 막달라 마리아가 예수를 만나는 이야기는 여러 사람이 바쁘게 오가고 부활 소식이 빠른 속도록 펴져 가는 와중에 일어난 일이기 때문이다. 그녀는 결코 자신이 선택된 "첫 증인"인 양 우쭐할 수 있다고는 생각지 못했을 것이다. 바울이 다메섹에서 예수를 만났던 마지막 이야기 역시 다른 사람들과 함께 있을 때 일어난 일이다. 비록 그들은 무슨 일이 벌어지고 있는지 알 도리가 없었지만 말이다. 바울의 경우 그 만남의 즉각적인 결과는 그가 부활의 공동체와 다른 사람들의 지혜에 머리를 숙이는 일이었다. 고린도전서에서 바울은 이에 관해 말하면서 자신을 다른 부활의 증인들과 동등한 자리에 놓기조차 거부한다. 자신은 제일 못한 사람이며, 아무런 자격이 없는 사람이라고 묘사하고 있는 것이다. 심지어 그는 자신을 '엑트로마'*ektroma*, 곧 유산되어 태어난 사람, 심지어 기형아라고까지 표현하고 있다.고전 15:8-9 (주로 '조산아' 혹은 '사산아'라는 의미로, 개역개정에는 "만삭되지 못하여 난 자"라고 번역되었다. 다시 말해, 제대로 사람 구실을 할 수 없는 존재라는 뜻이다―옮긴이). 아마 이보다 더 심하게 자신을 낮추기란 쉽지 않을 것이다.[2]

이 모든 이야기에서 우리가 확인할 수 있는 사실은, 예수의 부활에 직접 참여하는 일이란 결코 전문적인 영적 엘리트를 만들어 내는 법이 없다는 것이다. 부활에 숙련된 사람 혹은 부활 전문가 같은 것은 존재하지 않는다.

우리에게 전해진 바울의 진술 및 복음서의 네 이야기에서 우리는 특정 그룹만 받아들이고 다른 모든 사람들은 배제하려는 식의 어떤 시도도 찾아볼 수 없다. "의심하는 이들" 역시 다른 사람들과 마찬가지로 사도로서의 사명을 부여받았다. 한 걸음 물러선 채 어리석은 착각의 위험으로부터 안전거리를 유지할 정도로 조심스러웠던 도마 역시 부활의 공동체 속으로 받아들여졌다. 또한 냉소적이며 믿기를 거부하던 예수의 동생 야고보조차도 그 속에 받아들여지는 은혜를 입었다.

예수의 부활이라는 문은 활짝 열려 있다. 어느 누구라도 부활 친구들의 공동체에 쉽게, 그리고 바로 들어갈 수 있다. 그리고 이 사람들 사이에는 어떠한 계급도 특권층도 존재하지 않는다.

인격적이고 관계적인 앎

우리가 관찰할 수 있는 두 번째 사항은, 예수의 부활에 의해 조성되는 삶이 인격적이고 관계적인 차원을 더욱 두드러지게 한다는 것이다. 부활의 친구들에 관한 이야기들 중에는 삼위일체, 곧 삼위 하나님의 공동체에 관한 언급이 두 차례 있다.

마태의 기록에 보면 예수께서 갈릴리의 산 위에서 제자들에게 사명을 내리실 때, 세상 모든 곳에서 "아버지와 아들과 성령의 이름으로 세례를 베풂으로써" 제자를 삼으라고 말씀하셨다[마 28:19].

요한의 이야기에서는 예수께서 부활하신 날 저녁에 제자들 가운데 찾아와 이렇게 말씀하신다. "너희에게 평강이 있을지어다. 아버지께서 나를 보내신 것같이 나도 너희를 보내노라." 그러고는 숨을 깊이 들이쉬셨다가 제자들에게 내쉬며 말씀하신다. "성령을 받으라"[요 20:21-22]. 한꺼번에 아버지, 아들, 성령이 모두 언급되고 있다.

하나님에 관한 성경의 가르침 중 가장 독특한 것이 있다면 바로 삼위일체일 것이다. 물론 우리가 읽는 성경에는 삼위일체가 분명한 틀을 갖춘 개념으로 등장하고 있지는 않다. 바울 서신의 한 구절[고후 13:13]과 더불어, 위의 두 구절이 아버지와 아들과 성령 세 이름을 가장 명시적으로 보여주는 구절일 뿐이다. 그럼에도 불구하고 이 삼위일체 개념은 성경 어디에서나 암묵적인 전제로 깔려 있다. 하나님은 본질상 관계적이며 친밀한 인격적 존재라는 증거가 자주 그리고 강력하게 제시되어 있다. 그러한 이유로 우리 역시 인격적이고 관계적인 방식 말고는 하나님을 영접하거나 이해할 수 있는 길이 없다. 여기서 초연한 지성을 통해 하나님을 알 수 있는 가능성은 완전히 배제된다. 멋지게 기획된 이런저런 일들을 통해서 하나님을 알 수 있는 길도 존재하지 않는다. 황홀경적 체험이나 환상 같은 것을 추구함으로써 하나님을 알 수 있는 것도 아니다. 하나님은 우리가 통달할 수 있는 추상적 개념도 아니고, 우리가 써먹을 수 있는 비인격적 힘도 아니며, 우리가 탐닉할 수 있는 개인적 체험도 아니다.

예수의 부활을 깨닫고 거기 응답하면서, 우리는 삼위일체 하나님의 역동적 관계 속으로 완전히 들어간다. 이것이 바로 부활 친구들의 공동체 속에서 성령의 역사를 통해 그리스도인의 삶이 조성되는 방식이다. 그래서 부활에 근거한 영성 형성은 친밀하며 인격적인 경험일 수밖에 없다. 우리들 편에서는 부활 친구들과의 친밀한 인격적 관계 속에, 그리고 하나님 편에서는 삼위일체 하나님의 세 위격persons의 관계 속에 우리가 놓이게 되기 때문이다.

여러 이야기, 한목소리

세 번째로 관찰하게 되는 것은, 복음서 기자들의 부활 이야기와 바울 서신의 여섯 부활 본문들 사이의 어울림이다. 부활은 우리 삶을 복음의 활력 속으로 이끌어, 영성 형성에 필요한 힘과 특징을 부여한다.

"그러므로 우리가 그의 죽으심과 합하여 세례를 받음으로 그와 함께 장사되었나니 이는 아버지의 영광으로 말미암아 그리스도를 죽은 자 가운데서 살리심과 같이 우리로 또한 새 생명 가운데서 행하게 하려 함이라" 롬 6:4.

"예수를 죽은 자 가운데서 살리신 이의 영이 너희 안에 거하시면 그리스도 예수를 죽은 자 가운데서 살리신 이가 너희 안에 거하시는 그의 영으로 말미암아 너희 죽을 몸도 살리시리라" 롬 8:11.

"허물로 죽은 우리를 그리스도와 함께 살리셨고……또 함께 일으키사 그리스도 예수 안에서 함께 하늘에 앉히시니" 엡 2:5-6.

"내가 그리스도와 그 부활의 권능과 그 고난에 참여함을 알고자 하여 그의 죽으심을 본받아" 빌 3:10.

"너희가 세례로 그리스도와 함께 장사되고 또 죽은 자들 가운데서 그를 일으키신 하나님의 역사를 믿음으로 말미암아 그 안에서 함께 일으키심을 받았느니라" 골 2:12.

"그러므로 너희가 그리스도와 함께 다시 살리심을 받았으면 위의 것을 찾으라. 거기는 그리스도께서 하나님 우편에 앉아 계시느니라" 골 3:1.

우리는 아래의 사항들을 주목해 볼 수 있다.

> "그리스도를 죽은 자 가운데서 살리심과 같이 우리로 또한"
> "그리스도 예수를 살리신 이가……너희 죽을 몸도 살리시리라"
> "우리를 그리스도와 함께 살리셨고"
> "그의 부활의 권능과 그 고난에 참여함을 알고자 하여"
> "너희가……함께 일으키심을 받았느니라"
> "그러므로 너희가 그리스도와 함께 다시 살리심을 받았으면"

"우리로", "너희가" 등과 같이 바울이 사용하는 대명사는 한결같이 복수로 되어 있다. 유일한 예외라 할 수 있는 빌립보서의 "내가" 역시 진정한 예외라 할 수 없다. 그 구절에서 바울은 지금 성도들이 체험했으면 하는 것에 관해 증거하고 있기 때문이다. 다시 말해 바울은 여기서 자신을 부활의 삶을 살아가는 특별한 실례 혹은 부활의 전문가로 제시하고 있지 않은 것이다.

부활은 삶 그 자체다

네 번째 살펴볼 사항은 이것이다. 우리가 예수의 부활과 동일한 부활에 참여한다는 바울의 단호한 주장은, 예수께서 부활하시던 날 저녁 제자들을 향해 숨을 내쉬며 "성령을 받으라"고 말씀하실 때 제자들에게 보여주셨던 행동이나 말씀과 잘 맞아떨어진다^{요 20:22}. 바울이 로마서 8:11에서 말하고 있는 "예수를 죽은 자 가운데서 살리신 이의 영"은 예수께서 제자들에게 불어넣으신 영과 다르지 않다. 예수를 따르는 자들이 부활에 의해 형성된 삶을 살 수 있는 것은, 그분을 쳐다보거나 모방하거나 그분에 의해 영향을 받아서가 아니라 그분과 함께 일으키심을 받음으로써 가능해진다(바라봄, 본받음, 혹은 영향력 모두가 그리스도와의 관계를 묘사하는 정당한 그림이라는 점에서 다소 오해의 여지를 남기지만, 저자의 의도는 부활이 우리 영성의 절대적 기초라는 사실을 강조하려는 것이다―옮긴이).

흥미롭게도 이 이야기 속에는 오래전 창조 때의 메아리가 울리고 있다. 예수께서 제자들에게 성령을 불어넣어 주실 때 요한이 사용하고 있는 동사 '엠퓌사오'^{emphusaō}는 창세기 2:7에서 그분께서 만들어 놓으신 사람의 형체에 "생명의 숨결"을 불어넣으심으로 "생령"이 되도록 하셨다고 말할 때 사용된 바로 그 단어다.

하나님께서 창세기에서 하신 그 일을 예수께서 제자들에게 해주셨다. 성령을 불어넣으심으로 생명, 곧 부활의 생명을 이끌어 내신 것이다. 창조와 부활의 본문 사이에 존재하는 병행 관계는 창조나 부활 모두 매우 근본적 요소라는 사실을 시사한다. 창조가 단순히 아담이라는 흙덩이에 추가된 무엇이 아닌 것처럼, 부활은 인간의 삶 위에 덧붙여진 무엇이 아니다. 부활은 삶 그 자체다. 이는 하나님께서 불어넣으시고, 또 예수께서 불어넣으시는 우리의 현 존재, 그리고 거룩한 숨결인 성령에 의해 형성되는 우리 존재의 시작인 것이다.

부활의 친구들과 더불어

부활에 의한 영성 형성은 "다른 이"를 필요로 한다. 하지만 이 "다른 이"
는 결코 따뜻한 몸, 비인격적 통계나 역할, 기능, 혹은 필요로 축소된 인
간을 말하는 것이 아니다. 여기서 우리가 의미하는 바를 가장 근접하게
표현해 주는 말은 바로 **이웃**이다. 인격적이고 관계적인 의미를 부각시
키기 위해 여기서는 **친구**라는 말을 사용할 것이다. 이것은 예수께서 그
분의 제자들과 긴 대화를 나누실 때 부활을 통해 생겨나게 될 새로운 차
원의 친밀함을 이야기하시며 소개한 단어이기도 하다. "이제부터는 너
희를 종이라 하지 아니하리니 종은 주인이 하는 것을 알지 못함이라. 너
희를 친구라 하였노니"요 15:15.

　부활에 의해 창조된 이 세계에서 우리는 다른 부활의 친구들과 같
은 동지요, 동료로 엮어진다. 이런 유대는 우리의 필요나 기호에 의해서
혹은 유용성 때문에 생겨난 것이 아니라, 우리들 가운데 그리고 우리들
안에 어떤 공통된 움직임들이 일어나고 있기 때문이다. 우리는 우리 자
신과는 다른, 우리들보다는 더 큰 무엇의 일부다. 우리 혼자만으로는 제
대로 그 한 부분의 노릇을 할 수 없는 것이다.

　정확히 말해 우정은 다른 사람을 좋아하는 것과 다르다. 이것은 다
른 사람과 더불어 살아가는 공통된 현실이라 할 수 있다. 친구에 대해
꼭 "친밀한 느낌"을 갖는 것이라기보다는 함께하는 삶을 통해 서로의
동료애를 경험하고 또 그것을 소중하게 여기는 것이다. C. S. 루이스가
날카로운 필치로 그린 것처럼, 로맨틱한 사랑에 빠진 이들은 꼭 서로의

눈을 쳐다본다. 하지만 친구 사이는 나란히 서서 "두 사람 모두가 소중하게 생각하는" 어떤 것을 함께 바라본다.[3] 연인 관계와는 달리, 우정은 배타적이지 않다. 오히려 넓어지는 것을 반긴다. 여럿이 함께 모여 나누는 대화나 다른 사람들이 함께할 때 생겨나는 활력을 즐긴다. "좋은 친구 관계에서는 종종 한 사람이 나머지 사람들보다 자신을 낮춘다. 다른 친구들의 훌륭한 점을 보고 그들과 친구가 될 수 있다는 사실을 행운으로 생각하는 것이다."[4]

그래서 친구 관계에는 다분히 관조적 요소가 존재한다. 서로의 독특함을 충분히 느끼고, 나 자신 밖에 존재하는, 나 자신을 넘어서는 실재로부터 흘러나오는 선함을 깨닫게 되는 것이다.

친구 관계가 해체되고 있다

C. S. 루이스의 절친한 친구였던 찰스 윌리엄스^Charles Williams^는 "서로 안에 거하는 사람들"company of coinherence이라는 표현을 사용하곤 했다(그가 만들어 낸 것인지는 확실하지 않지만, 어쨌든 그는 이 말을 매우 자주 사용했다). 다른 이들과의 관계가 자기 스스로를 통해 만들어진다고 생각하지 않고, 그들이 다 함께 참여하고 있는 부활의 영성 형성에 그 기초가 있다고 믿는 사람들이다. 곧 성육하신(하나님이요 인간이신) 예수의 부활에 근거하여 관계를 생각하는 이들이다. 이것은 보다 일반적인 개념이라 할 수 있는데, '교회'나 '회중' 혹은 '공동체'와 같은 의미가 될 수도 있고 아닐 수도 있다. 아

무튼 나는 "서로 안에 거하는 사람들"이라는 말이 마음에 든다.

　하지만 우리가 사는 세계에서 이런 종류의 친구 관계 혹은 동료 관계는 매우 강력한 공격의 대상이 된다. 그러기에 우리가 예수의 부활에 참여하는 가장 기본적인 조건 중 하나는 바로 공격을 감수하는 것이다. 친구 관계는 빠른 속도로 해체되고 있다. 이러한 해체의 결과, 우리 자신과 다른 사람들에 대한 인격적이고 관계적인 이해를 의미하는 동시에 한때 풍성하고 복합적인 의미를 담고 있던 이 말은 그 파편만이 우리 삶의 빈 마당을 채우고 있다. 우리는 우리 자신과 다른 사람들의 정체성을 확인하고 설명하기 위해 온갖 역할과 범주들을 이리저리 짜깁기한다. 역기능, 자원, 소비자, 문제, 희생자, 내담자, 자산, 의무, 패배자, 승리자 등과 같은 비인격적 단어들이 우리의 대화를 채우기 시작하는데, 다른 사람들을 묘사하기 위해 이런 단어들을 사용하는 순간, 우리는 친구 관계의 가능성을 공격하는 자리에 서게 된다.

　이러한 해체는 학교에서도 일어난다. 심리 검사를 통해 인간의 인격을 측정 가능하고 시험할 수 있는 무언가로 축소시키고 있는 것이다. 광고나 마케팅을 통해서도 일어난다. 정욕과 탐욕, 시기심과 자만심을 부추겨 차를 팔거나 대출을 해주거나 옷이나 여행상품 등을 팔고 있다. 말하자면, 인간을 조작할 수 있는 무언가로 축소시키는 전략들인 것이다. 사회사업의 영역도 마찬가지다. 그들은 사람을 문제 혹은 자원으로 분류하여 관계를 해체시킨다. 교회도 예외는 아니다. 그들은 복음을 사람들의 요구를 충족시키는 상품, 혹은 지루함을 덜어 주는 재밋거리로 재포장한다. 우리가 이처럼 모든 것을 비인간화하는 방식으로 언어를 사용할 때마다, 친구들 무리에 속한 존재로서 우리가 가진 핵심적 정체 성은 침식당하게 된다.

독자성의 추구는 치명적이다

이런 공격이 공공연히 눈에 띄는 방식으로 이루어진다면, 저항하거나 대항하기가 훨씬 더 수월할 것이다. 하지만 이것은 드러난 싸움이 아니 다. 이 싸움은 미묘하며 은밀하다. 교묘하게 속이는 말이나 꾸며 낸 이미 지를 통해, 우리는 좋은 일을 나쁜 방식으로 하거나 좋은 방법으로 나쁜 일을 하게 될 가능성이 크다.

　동전의 양면이라 할 수 있는 자율성과 전문가 의존증이 함께 엉킨 문화는 이러한 해체를 야기하는 가장 강력한 힘으로 작용한다. 자율성 의 문화는 독자성과 자기충족성에 높은 가치를 부여한다. 다른 사람에 게 도움을 요청하지 않는 것이 바람직한 태도로 받아들여지고, 자신만 의 노력으로 현재의 위치에 올라왔다는 사실도 하나의 멋진 성취로 간 주된다. 자동차 혹은 컴퓨터 같은 것이 하나씩 새로 생길 때마다 우리는 그만큼 확실하게 우리 삶을 "장악"할 수 있게 된다. 하지만 동시에 우리 는 다른 사람들로부터 단절된다. 다른 사람들이 필요 없게 되는 것이다.

　그렇다면, 가령 부활처럼 오로지 다른 사람들과 함께라야 가질 수 있는 체험, 가치, 즐거움들은 어떻게 할 것인가? 의도적으로 습득된 독 자성은 부활을 체험할 수 있는 능력을 감소시키고 부활에 대한 우리의 인식을 무디게 만든다.

    자율성이 다른 사람들과의 친밀한 관계에서 우리를 단절시키는 것이라면, 전문가에게 의존하는 문화는 다른 이들과 공유하는 삶에 대한 우리의 감각을 단절시켜 버린다. 우리의 건강이나 자동차 수리, 법률적 문제 혹은 신앙적 문제에 관해 전문가 집단을 신뢰하고 이들에게 의존하게 되면, 우리가 함께 살아가고 있는 평범한 사람들, 곧 지인이나 이웃, 가족과 같이 우리와 가장 많이 부대끼는 사람들은 점점 초라한 구경꾼이 되고 마는 것이다. 우리 자신 또한 전문가들로부터 끊임없이 소비자나 희생자 취급을 받으며, 아무런 자존감도 없는 사람들이 되어 간다.

부활의 실천

부활의 삶은 실천하는practice 것이다. 여기서 실천은, 앞에서 말한 바와 같이 악보를 보고 연습하거나 골프 스윙을 연습한다고 말할 때의 의미가 아니다. 오히려 이것은 의사가 의술을 시행한다고 말할 때와 같이 보다 넓은 의미에서의 실천을 의미한다. 우리의 본질과 우리의 하루 일과를 전부 규정하는 그런 일이다. 의사들은 아픈 사람들을 놓고 연습하는 것이 아니라, 치유 활동을 실천하는 자리로 들어가는 것이다. 이와 유사하게 우리는 법조인 일을 한다거나, 외교술을 펼치고, 기도를 실천한다고 말하기도 한다. 우리가 부활을 실천한다고 말하는 것은 바로 이런 의미에서다. 친구들 무리 속에서 부활하신 예수의 친밀한 임재로 가득한 삶을 살아가는 것이다.

내가 관심을 갖는 것은 이처럼 우리의 일상과 평범함을 조건으로 포괄적 의미의 기독교적 삶을 회복하는 것이다. 다시 말해, 실천적 영성의 회복이다. 그것은 수련회를 간다거나 강연회에 참석한다거나 혹은 특별한 집회에 가야만 실천할 수 있는 무언가가 아니다. 바로 우리 가정과 일터의 일상적 삶 속에서 실천되는 부활의 영성인 것이다.

부활하신 예수께서는 나타나시고, 알려지시며, 또 우리로 하여금 그 부활 속에 참여하게 만드신다. 그런데 여기에는 이를 가능하게 하는, 대단히 중요하면서도 쉽게 무시되는 교차점들이 있다. 지금까지 나는 이런 교차 지점에서 떨어지지 않도록 우리를 지켜 주는 몇몇 간단하지만 중심적인 행동들을 확인해 보고자 했다. 독자들은 내가 바로 앞의 문장에서 현재 시제로 말하고 있다는 사실을 눈치챌 것이다. 이 부활의 삶은 현재 일어나고 있는 일이기 때문이다. 그분은 살아서 지금 여기 계신다. 부활을 실천한다는 것은 이것을 알아채고, 그 속에 들어가 거기에 개입하는 것을 의미한다.

1장에서 우리는 휴식과 여가, 곧 책임과 필요로부터의 벗어남이라는 주제를 통해 우리 삶 전반에 걸쳐 하나님의 임재와 일하심이 가장 우선된다는 사실을 살펴보았다. 다시 말해, 우리는 우리와 다른 어떤 것, 우리 손으로 하거나 하지 않거나 하는 것들과는 다른 무언가에 놀랄 수 있기 위해 필요한 조건 속으로 들어간다는 것을 배웠다. 이렇게 해서 우리는 하나님이 어떤 분이신지에 대해 경이로움과 놀라움으로 반응할 수 있는 자리에 있게 된다.

안식일 준수는 우리 조상이었던 하나님의 백성들이 하나님의 명령을 따라 실천해 왔던 성례다. 이는 우리와 다른 무언가를 인식하고 그것에 반응할 수 있는 경외와 경배의 능력을 보존함으로써 부활에 의한 영성 형성에 응답할 수 있도록 하려는 것이다.

2장에서는 음식을 먹는 일이 우리 모두가 다 하는 일이라는 사실을 생각해 보았다. 식사는 삶과 죽음, 주는 행위와 받는 행위가 희생적으로 교환되는 사건이다. 따라서 이것은 부활에 의한 영성 형성에 접근할 수 있는 계기가 된다. 또한 우리는 예수의 생애에서 식사가 매우 중심적 위치를 차지한다는 사실, 그리고 이 식사들 중 두 번은 부활을 인식하는 계기를 마련해 주었다는 사실을 살펴보았다.

그리하여 그리스도인들에게 주의 만찬, 곧 주의 식탁은 일상적 삶 속에서 부활이라는 초점을 유지할 수 있도록 해주는 성례적 실천이 된다. 다시 말해, 이 식탁과 식사는 우리로 하여금 삶과 죽음의 희생적 교환 속에 참여하도록 함으로써 부활에 의한 영성 형성을 촉진시켜 준다.

거룩한 세례

부활의 친구들이 실천하는 삶 중에서 지금 주목하여 보려는 것은 세례다. 세례는 각 사람의 이름을 부르고 또 그 이름이 불리는 것이다. 이는 우리 각자를 하나님의 형상에 따라 창조된 영혼으로 구별해 주는 행위가 된다. 다른 모든 영혼들이 함께하는 세례의 자리에서 이름을 부르고

이름이 불리는 일은 부활에 의한 영성 형성에 있어 우리 각자가 갖고 있
는 정체성의 존엄함을 주장하는 행위가 된다.

거룩한 세례는 바로 이 사실을 분명하게 해준다. 세례를 받을 때 우
리는 성호가 언급된 세 인격의 하나님과 함께 자신의 이름을 따라 불린
다. 여기서 우리는 철저히 인격적인 존재가 된다. 세례는 바로 이런 정체
성을 유지해 주며, 또 우리가 부활에 의한 영성 형성에 참여하는 가운데
이 사실을 잊지 않도록 해준다.

부활의 삶을 실천하는 일, 곧 예수를 살리셨고 또 지금 우리를 살리
시는 성령을 존중하는 삶은 이내 어려움에 봉착한다. 이것은 대개 부활
의 삶을 시작한 지 얼마 되지 않아서 생겨나는 경우가 많다. 부활의 삶
을 얻게 된 우리들 중 어떤 이들은 곧바로 자신의 힘으로 그 삶을 움직
이고 싶어 한다. 반면 스스로에 대해 자신감이 부족하고 이처럼 고상하
고 거룩한 일에 경험이 많지 않은 사람들은 옛 습관에 따라 전문가를 부
르기도 한다. 우리 자신은 당장 시급한 일에 집중할 수 있기 위하여, 이
들 전문가에게 돈을 들여 우리가 무엇을 해야 하는지, 또 무슨 생각을
해야 하는지 가르쳐 달라고 부탁하는 것이다. 우리들 대부분은 일정 부
분에서 모두 이런 경향으로부터 자유롭지 않다. 우리는 너무 오랫동안
자기 힘으로 하려는 문화, 그리고 전문가에게 의존하는 문화 속에서 살
아왔다. 이렇게 오래되고 문화 속에서 강화된 습관과 전제를 깨는 것은
어려운 일이다.

우리는 서로의 이름을 부르는 공동체다

그렇다면, 하나님의 형상을 가진 영혼으로서 우리의 본질적 정체성을 지키기 위해 우리가 부활의 친구들과 더불어 할 수 있는 일은 무엇일까? 부활 친구들의 공동체로서 우리는 어떻게 하면 우리 문화가 보여주는 고립적 자율성과 전문가 의존증이라는 세력에 대항하여 우리의 독특한 정체성을 유지해 나갈 수 있을까? 사실 해답은 매우 분명하고 간단하다. 거룩한 이름으로 세례를 받고, 우리가 받은 세례를 잊지 않고 기억하는 것이다. 이 세례는 우리의 이름이 불리는 곳이며, 우리의 이름이 불리는 방식이기도 하다. 우리는 서로의 이름을 부르는 공동체다.

우리가 추구하는 것은 우리의 정체성을 발견하고 그에 따라 살아가는 것이다. 곧 예수께서 자신을 따르라고 부르시는 무리와 함께 이루어야 할 부활의 정체성이다. 세례는 부활 공동체가 핵심적으로 실천하는 것으로서, 예수를 따르며 구하는 공동체 내에서 우리가 어떤 존재인지를 말해 주는 것이다.

요단 강에서의 예수의 세례는 성령이 그 위에 그리고 그 속에 내려오시고, "내 사랑하는 아들"막 1:11이라는 표현을 통해 긴밀한 삼위일체로서의 존재가 선포되며, 또한 하나님 나라 선포라는 그분의 공적 사역의 출발을 알리는 계기가 되었다.

마태의 기록에 의하면, 부활하신 예수께서는 갈릴리 산에서 제자들에게 지금까지 그분이 해오셨던 일을 이제 온 세상 모든 사람들을 대상으로 계속하라는 마지막 명령을 내리셨다. 이 가운데는 아버지와 아들과 성령의 이름으로 사람들에게 세례를 베풀라고 하신 명령도 포함된다. 첫 기독교 공동체인 예루살렘 교회의 세례 또한 비슷한 특징을 갖는다. 그들 사이에 성령이 임하시고 그들은 각기 다른 나라의 언어를 말하며 하나님 나라의 일을 시작했다.

바울은 네 복음서의 부활 이야기들을 하나로 모아, 이를 세례를 통해 파악되는 인격적 참여의 언어로 바꾸어 놓고 있다. 그리스도인의 삶이란 예수의 부활에 근거한 삶, 성령에 의해 우리 속에 성취되며 세례를 통해 그 의미가 명확해지는 그런 삶이다. 이렇게 해서 세례는 우리가 부활의 친구들로서 살아가려 할 때, 거룩한 삼위 하나님의 역사하심에 의해 규정되고 또 그 역사하심에 포함된 거룩한 공동체 안에서 살아가려 할 때, 우리의 삶을 이해하고 살아가는 데 필요한 핵심적 행위가 된다.

예수의 탄생과 죽음이 하나로 모여 부활이 되는 것처럼, 우리의 탄생과 죽음 또한 하나로 모여 부활이 된다. 부활에 의한 영성 형성의 삶에서 세례는 우리를 규정하는 표지가 된다.

또한 세례는 우리가 속한 문화로부터의 근본적 이탈 및 우리 존재의 총체적 재정의를 의미한다. 형제회Society of Friends를 제외한 모든 기독교 전통에서 세례 의식은 부활을 통해 표현된다. 거의 모든 이슈를 두고 그리스도인들이 온갖 복잡한 방식으로 자기들 나름의 입장을 고집해 왔던 역사를 생각해 볼 때, 이런 의견의 일치는 놀라운 현상이 아닐 수 없다. 모든 교파가 세례의 의미나 방식에 대해 같은 생각을 갖고 있는 것은 아니지만, 그럼에도 불구하고 모두가 세례를 실천한다. 세례를 통해 그리스도 안에서 우리가 누리는 새로운 부활의 삶을 기념하는 것이다.

돌아서라!

세례 의식 속에는 두 가지 명령이 암묵적으로 자리하고 있다. 이것은 적어도 내가 알기로는, 모든 기독교 전통들에 공히 해당되는 사항이다. 그리고 이해하기 어려울 것도 없다. 하지만 이 명령이 우리의 삶을 인도하는 것이 되려면 일생에 걸친 관심과 훈련이 요구된다. 바로 "회개하라"repent와 "따르라"follow라는 두 단어다.

회개는 부활에 의한 영성 형성이 부인하는 것을 가리키고, **따름**은 그것이 긍정하는 것을 가리킨다. 각 개인의 삶 속에서 이 두 낱말은 공동체의 삶을 통해 변화하고 다양한 여건 속에서 구체화되어야 한다. 졸업하고 상급 과정으로 진학하는 것처럼 그런 식으로 이 명령을 통달할 수는 없다. 이것들은 기본이며, 또 언제나 기본적인 것으로 남아 있다.

회개는 행동을 가리키는 단어로, 방향전환을 의미한다. "너는 잘못된 길로 가고 있어. 잘못된 것들을 생각하고 있고, 모든 것을 거꾸로 생각하고 있어." 부활 친구들의 공동체 속에서 우리가 제일 먼저 취하게 되는 동작은 그것이 무엇이든 우리가 하던 일을 그만두는 것이다. 그것이 무엇이든, 십중팔구 잘못된 일일 가능성이 크다. 우리가 얼마나 공을 들였든, 우리의 의도가 얼마나 좋았든 상관이 없다. 우리는 고립적 자율성과 전문가 의존증이라는 가정에 물들어 있다. 우리는 내가 내 삶을 주관하고 있거나 혹은 그래야만 한다고 생각한다. 우리 자신이 모든 것의 척도가 된다. 모든 것이 우리에게 달려 있다. 우리는 좋은 의도를 가지고 멋지게 포장된 넓은 길을 따라 여행한다. 또한 우리에게는 가장 효율적

이고 빠르게, 그리고 거의 번거로움 없이 원하는 곳으로 우리를 데려다
줄 최신의 기술을 갖고 있다. 길이 모퉁이를 돌 때마다 더욱 효과적으로,
더욱 빠르게 목적지에 도달하는 법을 가르쳐 줄 전문가들이 줄을 서 있
다. 이 길은 매우 번잡해서 시끄럽고, 공해가 심하며, 사고와 피해가 속
출한다. 하지만 원하는 목적지까지 우리를 데려다주는 길이기에 우리는
어떤 어려움도 감수한다.

그런데 복음의 말씀이 들려온다. 회개하라. 돌아서라. 너의 사고방
식과 상상력의 방식을 바꾸라. 시끄러움, 오염, 혼란스러움, 비인간적 효
율성, 기술이 부추기는 조급증, 전문가들의 도움으로 가능해진 구경꾼
의 자세, 공동체의 의미를 축소시키는 자율성, 이 모든 것으로부터 떠나
라. 너는 거룩한 백성들의 무리 속에서 거룩한 땅 위에 서 있다. 너는 세
속의 짓밟음과 무시로부터 그것을 지켜야 한다.

우리는 무언가를 우리의 삶에 추가함으로써가 아니라 발광에 가까
운 이기적 삶을 버리고, 문화적·종교적 혼란을 털어내며, 우리가 보통
"세상, 육체, 마귀"라 칭하는 것들로부터 돌아섬으로써 부활의 삶을 증
진시킨다. 우리의 인생은 너무 바쁘고, 스케줄도 너무 많다. 부활의 삶에
서 우리의 동지가 되어야 할 교회조차 너무나 바쁘게 돌아가고 있다.

거부 뒤의 선택

세례를 통해 촉발되는 두 번째 명령은 **따르라는 것**이다. 예수를 따르는

것이다. 이것은 거부 뒤에 오는 선택이다. 우리는 자율적 삶을 포기하고 예수께 복종하는 삶을 선택한다. 우리는 시끄러운 자기주장의 소리를 버리고 조용히 말씀을 듣기로 선택한다. 우리는 예수께서 일하시는 것을 바라본다. 그분이 말씀하시는 것을 듣는다. 그분과 함께 새로운 관계 속으로, 낯선 곳으로, 낯선 사람들에게로 다가간다. 우리는 예수의 이름으로 기도한다. 예수와 동행하는 가운데 그분이 하시는 일을 보고 그분의 말씀을 들으며 하나님께 응답하는 삶을 살아간다. 기도의 삶인 것이다. 예수를 따른다는 것은 예수의 뒤를 따라 직선으로 행진하는 틀에 박힌 걸음이 아니다. 그분을 따르는 일은 우리 안으로 들어와 내면화되고, 우리의 근육과 신경 속으로 파고드는 일이다. 오히려 느린 걸음의 산보와 같다. 그것이 바로 기도인 것이다.

기도는 우리가 스스로의 중심에서 벗어나 참된 중심에 응답하기 시작할 때 생겨난다. 이 중심은 예수님이다. 이 응답은 언제나 실제적인 것으로, 예수를 따르는 다른 이들과 더불어 그분을 따라가는 것이다. 그분은 지금 많은 사람들과 함께 어디론가 가고 계신다. 바로 예루살렘이다. 이미 세례 받은 혹은 곧 세례를 받게 될 추종자들과 함께 아버지께로 가시는 것이다. 우리는 예수의 영이 우리 안에서 그리고 우리를 통해 아버지께 기도하고 계심을 깨닫는다. 예수의 이름으로 기도하는 삶을 살아감으로 그분을 따라가면서 부활의 친구들과 대화하는 법을 배운다. 그러면서 관계 속에 계신 하나님의 삼위일체적 삶이 보여주는 관심과 인식과 사랑을 실천한다. 우리는 관심과 감탄, 희생과 환대, 복종과 사랑으로 가득 찬 삼위일체 하나님의 세계를 살아간다.

세례란 스스로에게 베푸는 것이 아닌, 언제나 공동체 속에서 하나님에 의해 행해지는 무엇이기에, 부활의 삶은 우리보다 먼저, 우리를 넘어, 그리고 우리와 다르게 시작된다. 사실 그럴 수밖에 없다. 세례를 통해 우리는 난생 처음으로 하나님에 의해 규정된 자아 속으로 들어가며 그 자아가 된다. 부활 친구들과의 관계 속에 존재하는 자아다. 이는 언제나 우리 자신처럼 세례에 의해 규정된 신실한 그리스도인들의 승낙과 참여와 확인과 함께 이루어진다. 이름을 부름, 회개, 죽음, 부활, 그리고 예수를 따름. 세례는 이 모든 것을 포함한다.

우리의 삶은 세례를 통해, 그리고 부활에 의해 규정된다. 예수 그리스도의 삶을 알고 그 삶이 알려지듯이, 우리 또한 알고 또 알려진다. 여기가 우리의 출발점이다. 매일의 삶을 통해 항상 새롭게 행해져야 할 출발점인 것이다. 세례를 기억하라. 이 문제에 관한 한 우리는 스스로 무언가를 할 수 있다고 기대할 수 없기 때문이다. 칼 바르트^{Karl Barth}가 끈질기게 주장했던 것처럼, 하나님 앞에서 우리는 언제나 초보자일 뿐이다.[5]

✛

주 예수 그리스도여, 마음 깊이 우러나는 감사와 애정과 관심과 헌신과 사랑으로, 그리고 주님의 부름에 응답하며 살고자 하는 열망으로 주님 앞에 나아갑니다. 우리는 주님을 따르는 친구들의 무리와 함께 있습니다. 바로 부활의 삶을 함께 나누는 사람들입니다. 다른 사람들 또한 이 삶 속으로 들어와 그것을 주목하며, 주께서 행하시는 일들의 변두리 아닌 중심에서 그 삶에 참여하기를 바랍니다. 우리가 살아가는 이 문화, 그 치명적 영향력과 유혹의 손길을 이해할 수 있도록 우리에게 힘과 분별력을 주소서. 이 책에 기록된 내용들은 그 어떤 것이라도, 적어도 얼마만이라도 우리의 삶을 더 날카롭게 하는 일에 사용될 수 있게 하소서. 뿔뿔이 흩어진, 너무 많은 이들이 절망에 빠져 있는 주님의 교회를 축복하여 주소서. 우리가 어디에 있든, 우리가 다시 돌아가야 할 곳이 어디든, 성도의 자리든 설교자의 자리든, 주께서 함께하신다는 사실과 주께서 지금 일하고 계신다는 사실을 기억하며 이 부활의 삶의 일부로 살아가게 하소서. 주님은 무슨 일이 일어날지, 하는 일이 성공할지 못할지 염려하지 않으십니다. 주님의 일하심에서 실패가 없었으며 앞으로도 그러할 것입니다. 무엇보다도, 우리를 신실하고 주의 깊고 칭송할 줄 알며 희생적이고 인간적인 모습으로 지켜 주소서. 아버지와 아들과 성령의 이름으로 기도드립니다. 아멘.

『메시지』 성경으로
읽는 부활 이야기

그분은 다시 살아나셨다

¹⁻⁴안식일이 지나고 새로운 한 주의 먼동이 틀 무렵, 막달라 마리아와 다른 마리아가 무덤을 지키려고 갔다. 그때 갑자기 발밑에서 땅이 흔들리고 진동하더니, 하나님의 천사가 하늘에서 내려와 그들이 서 있는 곳으로 왔다. 천사가 돌을 굴려 내고 그 위에 앉았다. 그에게서 번개 같은 빛이 번쩍였고, 그의 옷은 눈처럼 하얗게 빛났다. 무덤을 지키던 경비병들은 너무 두려웠다. 어찌나 무서웠던지 꿈쩍도 하지 못했다.

⁵⁻⁶천사가 여자들에게 말했다. "조금도 두려워할 것 없다. 너희가 십자가에 못 박히신 예수를 찾는 줄을 내가 안다. 그분은 여기 계시지 않는다. 그분은 말씀하신 대로 다시 살아나셨다. 와서 그분을 모셔 두었던 곳을 보아라.

⁷자, 어서 가서 제자들에게 말하여라. '그분께서 죽은 자들 가운데서 살아나셨다. 그분께서 너희보다 먼저 갈릴리로 가실 것이다. 너희는 거기서 그분을 뵐 것이다' 하고 말하여라. 이것이 내가 전하는 소식이다."

⁸⁻¹⁰여자들은 크게 놀라고 기쁨에 겨워, 한시도 지체하지 않고 무덤을 떠났다. 그들은 제자들에게 전하려고 달려갔다. 그때 예수께서 그들을 만나셔서, 그들을 멈추어 세우고 말씀하셨다. "잘 있었느냐?" 여자들은 무릎을 꿇고 그분의 발을 붙잡고 경배했다. 예수께서 말씀하셨다. "너희가 있는 힘을 다해 나를 붙잡고 있구나! 그렇게 무서워하지 마라. 가서, 내 형제들에게 갈릴리로 가라고 하여라. 거기서 내가 그들을 만나겠다고 전

하여라."

¹¹⁻¹⁵한편, 경비병들이 뿔뿔이 흩어졌으나, 그 가운데 몇 사람이 도성으로 들어가서 일어난 일을 대제사장들에게 전했다. 그들은 종교 지도자 회의를 소집해 대책을 마련했다. 그들은 거액의 돈을 병사들에게 주면서, "밤에 그의 제자들이 와서 우리가 잠든 사이에 시체를 훔쳐 갔다"고 말하도록 매수했다. 그러고는 "너희가 근무중에 잤다는 말이 혹시 총독에게 들어가더라도 우리가 문책을 면하게 해주겠다"며 그들을 안심시켰다. 병사들은 뇌물을 받고서 그들이 시킨 대로 했다. 유대 최고의회에서 날조해 낸 그 이야기가, 지금까지도 나돌고 있다.

✳

¹⁶⁻¹⁷한편, 갈릴리로 떠난 열한 제자는, 예수께서 다시 만날 장소로 정해주신 산으로 향했다. 예수를 뵙는 순간에, 그들은 그분께 경배했다. 그러나 경배하기를 망설이며, 그분께 자신의 인생을 완전히 걸어야 할지 확신하지 못하는 사람들도 있었다.

¹⁸⁻²⁰이에 아랑곳하지 않고, 예수께서 곧바로 이렇게 지시하셨다. "하나님께서 내게 주신 권세와 명령으로 너희에게 이 일을 맡긴다. 너희는 세상으로 두루 나가서 만나는 모든 사람마다 이 생명의 길로 훈련시키고, 아버지와 아들과 성령의 이름으로 그들에게 세례를 주어 표를 삼아라. 그리고 내가 너희에게 명령한 모든 것을 삶으로 살아가도록 가르쳐라. 너희가 이 일을 하는 동안에, 이 시대가 끝날 때까지 날마다 하루도 빠짐없이, 내가 너희와 함께 있을 것이다."

그분은 다시 살아나셨다

1-3 안식일이 지나자, 막달라 마리아와 야고보의 어머니 마리아와 살로메는 예수께 바르려고 향료를 샀다. 일요일 이른 새벽 해 뜰 무렵에, 그들은 무덤으로 갔다. 그들은 "누가 우리를 위해 무덤에서 돌을 굴려 줄까?" 하고 서로 걱정하며 말했다.

4-5 그들이 문득 고개를 드니 돌—아주 큰 돌이었다—이 이미 굴려져 있었다. 그들은 곧바로 안으로 들어갔다. 한 청년이 흰옷 차림으로 오른쪽에 앉아 있는 것이 보였다. 그들은 몹시 당황하여 놀랐다.

6-7 그가 말했다. "두려워 마라. 너희가 나사렛 예수, 십자가에 못 박히신 그분을 찾는 줄을 안다. 그분은 다시 살아나셨다. 그분은 더 이상 여기 계시지 않는다. 너희 눈으로 보는 것처럼 이곳은 비어 있다. 자, 어서 가거라. 그분께서 너희보다 먼저 갈릴리로 가신다고 제자들과 베드로에게 말하여라. 그분이 전에 말씀하신 대로, 너희는 거기서 그분을 뵐 것이다."

8 그들은 얼른 밖으로 나왔다. 현기증이 날 정도로 정신이 없었고, 너무 놀라서 아무한테도 말하지 못했다.

9-11 〔예수께서 죽은 자들 가운데서 살아나신 뒤 일요일 이른 아침에, 막달라 마리아에게 나타나셨다. 마리아는 예수께서 전에 일곱 귀신에게서 구해 준 사람이다. 마리아는 예수와 함께하던 사람들이 슬퍼하며 울고 있는 곳으로 가서 말했다. 그들은 살아 계신 그분을 분명히 뵈었다는 마리아의 말을 듣고도 믿지 않았다.

¹²⁻¹³나중에 그들 가운데 두 사람이 시골길을 걸어가고 있는데, 예수께서 다른 모습으로 그들에게 나타나셨다. 그들이 돌아가서 나머지 사람들에게 말했으나, 역시 믿지 않았다.

¹⁴⁻¹⁶그 후에, 열한 제자가 저녁을 먹고 있는데 예수께서 나타나셔서, 그분이 살아나신 것을 본 사람들의 말을 믿지 않은 제자들의 불신앙을 아주 엄하게 꾸짖으셨다. 그리고 말씀하셨다. "세상 속으로 들어가거라. 어디든지 가서, 하나님의 복된 소식인 메시지를 모두에게 알려라. 누구든지 믿고 세례를 받으면 구원을 받고, 누구든지 믿지 않으면 정죄를 받을 것이다.

¹⁷⁻¹⁸믿는 사람들에게 따를 표적 몇 가지는 이렇다. 그들은 내 이름으로 귀신을 쫓아내고, 새로운 방언으로 말하고, 손으로 뱀을 집고, 독을 마셔도 상하지 않으며, 병자에게 손을 얹어 낫게 할 것이다."

¹⁹⁻²⁰간략하게 말씀하신 뒤에, 주 예수께서 하늘로 들려 올라가셔서, 하나님 옆 영광의 자리에 앉으셨다. 제자들은 어디든지 가서 메시지를 전했다. 주님이 친히 그들과 함께 일하시며, 명백한 증거로 메시지를 확증해 주셨다.]

---

* 괄호 안의 마가복음 16:9-20은 후기 사본들에만 들어 있다.

그분은 다시 살아나셨다

¹⁻³일요일 새벽에, 여자들은 미리 준비해 두었던 장례용 향료를 가지고 무덤으로 갔다. 그들은 무덤 입구를 막은 돌이 옮겨져 있는 것을 발견하고, 안으로 들어갔다. 그런데 안에 들어가 보니, 주 예수의 시신이 보이지 않았다.

⁴⁻⁸그들은 어찌 된 영문인지 몰라 당황했다. 그때 온몸에 광채가 나는 두 사람이 갑자기 나타나, 그들 곁에 섰다. 여자들은 두려워서 엎드려 경배했다. 그들이 말했다. "어째서 너희는 살아 계신 분을 무덤에서 찾고 있느냐? 그분은 여기 계시지 않고, 다시 살아나셨다. 너희가 갈릴리에 있을 때에, 그분께서 자기가 죄인들에게 넘겨져 십자가에서 죽임을 당하고, 사흘 후에 살아나야 한다고 말씀하신 것을 기억하느냐?" 그때서야 여자들은 예수의 말씀이 생각났다.

⁹⁻¹¹그들은 무덤에서 돌아와, 이 모든 소식을 열한 제자와 나머지 사람들에게 전했다. 막달라 마리아와 요안나와 야고보의 어머니 마리아와 함께 있던 다른 여자들이 사도들에게 계속 이야기했으나, 사도들은 그들의 말을 한 마디도 믿지 않았다. 그들은 여자들이 지어낸 말이라고 생각했다.

¹²그러나 베드로는 벌떡 일어나 무덤으로 달려갔다. 그가 몸을 구부려 안을 들여다보니, 보이는 것이라고는 수의가 전부였다. 그는 이상하게 여겨 고개를 저으며 돌아갔다.

엠마오 가는 길

¹³⁻¹⁶바로 그날에, 그들 가운데 두 사람이 예루살렘에서 11킬로미터쯤 떨어진 엠마오라는 마을로 걸어가고 있었다. 그들은 그동안 일어난 모든 일을 되돌아보며 깊은 대화를 나누고 있었다. 그들이 한참 묻고 말하는 중에, 예수께서 다가오셔서 그들과 함께 걸으셨다. 그러나 그들은 그분이 누구신지 알아보지 못했다.

¹⁷⁻¹⁸예수께서 물으셨다. "당신들은 길을 가면서 무슨 이야기를 그토록 열심히 합니까?"

그들은 가장 친한 벗을 잃은 듯한 침통한 얼굴로 그 자리에 멈춰 섰다. 그중에 글로바라는 사람이 말했다. "지난 며칠 동안 있었던 일을 예루살렘에서 당신 혼자만 모른단 말입니까?"

¹⁹⁻²⁴예수께서 말씀하셨다. "무슨 일이 있었습니까?"

그들이 말했다. "나사렛 예수께 일어난 일입니다. 그분은 하시는 일과 말에 능력이 있고, 하나님과 온 백성에게 축복받은 하나님의 사람이자 예언자셨지요. 그런데 대제사장과 지도자들이 그분을 넘겨주어서, 사형선고를 받게 하고, 십자가에 못 박았습니다. 우리는 그분이야말로 이스라엘을 구원하실 분이라는 희망을 품고 있었습니다. 그 일이 있은 지 벌써 사흘째입니다. 그런데 지금 우리 가운데 몇몇 여자들이 우리를 완전히 혼란에 빠뜨렸습니다. 오늘 아침 일찍 그들이 무덤에 갔는데, 그분의 시신을 찾을 수 없었다고 합니다. 그들이 돌아와서 하는 말이, 자기들이 천사들의 환상을 보았는데, 천사들이 예수께서 살아 계시다고 했다는 겁니다. 우리의 친구들 가운데 몇 사람이 무덤에 가서 확인해 보니, 여자들 말대

로 무덤이 비어 있었지만 예수를 보지는 못했습니다."

²⁵⁻²⁷ 그러자 예수께서 말씀하셨다. "당신들은 머리가 둔하고 마음이 무딘 사람들이군요! 어째서 당신들은 예언자들이 말한 모든 것을 단순히 믿지 못합니까? 당신들은 이런 일이 일어나야 한다는 것과, 메시아가 고난을 겪고서 자기 영광에 들어가야 한다는 것을 알지 못합니까?" 그러고 나서 예수께서는 모세의 책들로 시작해 예언서를 전부 살피시면서, 자신을 언급한 성경 구절들을 모두 짚어 주셨다.

²⁸⁻³¹ 그들은 자신들이 가려던 마을 어귀에 도착했다. 예수께서 계속 가시려는 듯하자 그들이 간청했다. "우리와 머물며 함께 저녁을 드십시오. 날이 저물어 저녁이 되었습니다." 그래서 예수께서 그들과 함께 들어가셨다. 예수께서 그들과 함께 식탁에 앉으셔서 빵을 들어 축복하시고, 떼어서 그들에게 주셨다. 그 순간, 그들의 눈이 열렸다. 깜짝 놀라 눈이 휘둥그레진 그들이 예수를 알아보았다. 그러나 그 순간, 예수께서 사라지셨다.

³² 그들이 서로 말을 주고받았다. "그분이 길에서 우리와 대화하며 성경을 풀어 주실 때, 우리 마음이 뜨거워지지 않았습니까?"

제자들 앞에 나타나시다

³³⁻³⁴ 그들은 한시도 지체하지 않고, 일어나서 곧장 예루살렘으로 돌아갔다. 가 보니, 열한 제자와 친구들이 함께 모여 이야기하고 있었다. "사실이다! 주님께서 살아나셨다. 시몬이 주님을 보았다!"

³⁵ 이어서 그 두 사람도 길에서 있었던 일과, 예수께서 빵을 떼실 때에 자기들이 그분을 알아본 일을 모두 이야기했다.

³⁶⁻⁴¹ 그들이 이런 이야기를 하고 있는데, 예수께서 그들 앞에 나타나 말씀하셨다. "너희에게 평안이 있기를!" 그들은 자기들이 유령을 보고 있는 줄 알고 잔뜩 겁을 먹었다. 예수께서 그들에게 말씀하셨다. "당황하지 마라. 그리고 이 모든 의심에 휩쓸리지도 마라. 내 손을 보고 내 발을 보아라. 정말로 나다. 나를 만져 보아라. 머리부터 발끝까지 나를 잘 보아라. 유령은 이런 근육과 뼈가 없다." 이렇게 말씀하시며, 그들에게 자신의 손과 발을 보여주셨다. 그들은 자기 눈으로 보면서도 여전히 믿을 수가 없었다. 너무 좋아서 믿기지 않았다.

⁴¹⁻⁴³ 예수께서 물으셨다. "여기에 먹을 것이 좀 있느냐?" 그들은 요리해 둔 생선 한 토막을 그분께 드렸다. 예수께서는 그것을 받아 그들이 보는 앞에서 드셨다.

너희는 증인이다

⁴⁴ 예수께서 말씀하셨다. "내가 너희와 함께 있을 때에, 나에 대해 기록한 모세의 율법과 예언서와 시편의 모든 것이 이루어져야 한다고 말했다."

⁴⁵⁻⁴⁹ 예수께서는 계속해서 그들이 하나님의 말씀을 깨닫도록 이해력을 넓혀 주시고, 성경을 어떻게 읽어야 하는지 설명해 주셨다. 그분께서 말씀하셨다. "너희가 아는 것처럼 이렇게 기록되어 있다. 메시아가 고난을 겪고, 사흘째 되는 날에 죽은 자들 가운데서 살아나며, 죄 용서를 통한 전적인 삶의 변화가—이곳 예루살렘에서부터 시작해 모든 민족에게까지—그분의 이름으로 선포될 것이다! 너희는 그것을 보고 들은 첫 증인들이다. 이제 이 다음부터가 매우 중요하다! 내 아버지께서 약속하신 것

을 내가 너희에게 보내 주겠다. 너희는 그분이 오셔서 위로부터 오는 능력을 입을 때까지 이 성에 머물러 있어라."

⁵⁰⁻⁵¹ 예수께서 그들을 데리고 성에서 나가 베다니로 가셨다. 예수께서 손을 들어 그들을 축복하시고, 그들을 떠나 하늘로 들려 올라가셨다.

⁵²⁻⁵³ 그들은 무릎을 꿇고 그분께 경배하고, 터질 듯한 기쁨을 안고 예루살렘으로 돌아왔다. 그들은 하나님을 찬양하면서 모든 시간을 성전에서 보냈다!

다시 살아나시다

¹⁻²한 주의 첫날 이른 아침이었다. 아직 어두울 때에, 막달라 마리아가 무덤에 가서 보니, 무덤을 막고 있던 돌이 입구에서 옮겨져 있었다. 그녀는 곧장 시몬 베드로와 예수께서 사랑하시는 다른 제자에게 숨 가쁘게 달려가서 말했다. "사람들이 주님을 무덤에서 꺼내 갔어요. 그들이 그분을 어디에 두었는지 모르겠습니다."

³⁻¹⁰베드로와 다른 제자가 즉시 무덤을 향해 서로 앞 다투어 달려갔다. 다른 제자가 베드로를 앞질러 무덤에 먼저 도착했다. 그가 몸을 구부려 안을 들여다보니 거기에 고운 베가 놓여 있었다. 그러나 그는 안으로 들어가지는 않았다. 시몬 베드로가 그의 뒤에 도착해서 무덤 안으로 들어가 보니 고운 베가 놓여 있었다. 그분의 머리를 감쌌던 수건은 고운 베와 함께 있지 않고 따로 가지런하게 개어져 있었다. 그제야 먼저 도착했던 다른 제자도 무덤 안으로 들어가서, 증거를 보고 믿었다. 그분께서 죽은 자들 가운데서 살아나야 한다는 말씀을 아직 아무도 깨닫지 못하고 있었다. 그 후에 두 제자는 집으로 돌아갔다.

¹¹⁻¹³그러나 마리아는 무덤 바깥에 서서 울고 있었다. 그녀가 울면서 무릎을 꿇고 무덤 안을 들여다보니, 흰옷을 입은 두 천사가 거기에 앉아 있었다. 한 천사는 예수의 시신이 놓여 있던 자리 머리맡에, 다른 천사는 발치에 앉아 있었다. 천사들이 마리아에게 말했다. "여자여, 어찌하여 우느냐?"

¹³⁻¹⁴마리아가 말했다. "사람들이 내 주님을 꺼내 갔습니다. 그들이 그분

을 어디에 두었는지 모르겠습니다." 마리아가 이렇게 말하고 나서 뒤로 돌아서니, 예수께서 거기에 서 계셨다. 그러나 마리아는 그분을 알아보지 못했다.

¹⁵예수께서 마리아에게 말씀하셨다. "여자여, 어찌하여 우느냐? 누구를 찾고 있느냐?"

마리아는 그분이 동산지기인 줄 알고 말했다. "선생님, 선생님이 그분을 모셔 갔으면, 어디에 두었는지 알려 주세요. 내가 그분을 돌보겠습니다."

¹⁶예수께서 "마리아야" 하고 부르셨다.

마리아가 예수께 돌아서며 히브리 말로 "랍오니!" 하고 불렀다. 이는 '선생님!'이라는 뜻이다.

¹⁷예수께서 말씀하셨다. "나를 계속 붙들고 있지 마라. 내가 아직 아버지께로 올라가지 않았다. 너는 내 형제들에게 가서, '내가 내 아버지이며 너희 아버지이신 분, 곧 내 하나님이시며 너희 하나님이신 분께로 올라간다'고 전하여라."

¹⁸막달라 마리아가 제자들에게 가서 소식을 전했다. "내가 주님을 뵈었어요!" 마리아는 예수께서 자기에게 말씀하신 모든 것을 그들에게 알렸다.

믿는 자가 되어라

¹⁹⁻²⁰그날 해질녘에 제자들이 모였으나, 그들은 유대인들이 무서워 집에 있는 문이란 문은 다 닫아걸고 있었다. 예수께서 들어오셔서, 그들 가운데 서서 말씀하셨다. "너희에게 평안이 있기를!" 그러고 나서 자기의 두 손과 옆구리를 제자들에게 보여주셨다.

²⁰⁻²¹ 제자들은 자기 눈으로 주님을 뵙고는 기쁨을 가누지 못했다. 예수께서 다시 한번 인사하셨다. "너희에게 평안이 있기를! 아버지께서 나를 보내신 것처럼 나도 너희를 보낸다."

²²⁻²³ 예수께서 이 말씀을 하시고 나서 숨을 깊이 들이쉬었다가 그들에게 내쉬며 말씀하셨다. "성령을 받아라. 너희가 다른 사람의 죄를 용서하면 그 죄가 영원히 사라질 것이다. 너희가 죄를 용서하지 않으면 그 죄를 가지고 무엇을 하려느냐?"

²⁴⁻²⁵ 그러나 열두 제자 가운데 한 사람으로, 간혹 쌍둥이라고 불리는 도마는 예수께서 오셨을 때 그 자리에 없었다. 다른 제자들이 그에게 말했다. "우리가 주님을 보았소."

그러나 도마는 이렇게 말했다. "내가 그분 손에 난 못 자국을 보고, 그 못 자국에 내 손가락을 넣어 보고, 그분의 옆구리에 내 손을 넣어 보지 않고는 그 말을 믿지 않겠소."

²⁶ 여드레 후에 제자들이 다시 방에 모여 있었다. 이번에는 도마도 함께 있었다. 예수께서 잠긴 문들을 지나 들어오셔서, 그들 가운데 서서 말씀하셨다. "너희에게 평안이 있기를!"

²⁷ 그런 다음, 예수께서 도마에게 주목하며 말씀하셨다. "네 손가락을 내 손에 대어 보아라. 네 손을 내 옆구리에 넣어 보아라. 의심하는 자가 되지 말고, 믿는 자가 되어라."

²⁸ 도마가 말했다. "나의 주님! 나의 하나님!"

²⁹ 예수께서 말씀하셨다. "너는 네 두 눈으로 보고 나서야 믿는구나. 보지 않고도 믿는 사람들에게는 더 큰 복이 기다리고 있다."

[30-31]예수께서는 이 책에 기록된 것보다 훨씬 많은 표적을 베푸셔서 하나님을 계시해 주셨다. 이것을 기록한 이유는, 예수께서 메시아이시며 하나님의 아들이심을 여러분으로 믿게 하고, 그 믿음을 통해 예수께서 친히 계시해 주신 참되고 영원한 생명을 얻게 하려는 것이다.

다시 고기를 잡으러 간 제자들

[1-3]그 후에 예수께서 제자들에게 다시 나타나셨는데, 이번에는 디베랴 바다(갈릴리 호수)에서였다. 예수께서 나타나신 경위는 이렇다. 시몬 베드로, (쌍둥이라고도 하는) 도마, 갈릴리 가나 출신의 나다나엘, 세베대의 두 아들, 그리고 다른 두 제자가 함께 있었다. 시몬 베드로가 말했다. "나는 고기 잡으러 가야겠다."

[3-4]나머지 사람들도 "우리도 함께 가겠다"고 대답했다. 그들은 나가서 배를 탔다. 그날 밤, 그들은 아무것도 잡지 못했다. 해가 뜰 무렵, 예수께서 바닷가에 서 계셨으나 그들은 그분을 알아보지 못했다.

[5]예수께서 그들에게 말씀하셨다. "좋은 아침이구나! 아침거리로 뭘 좀 잡았느냐?"

그들이 대답했다. "못 잡았습니다."

[6]예수께서 말씀하셨다. "그물을 배 오른쪽에 던지고 어떻게 되는지 보아라."

그들은 그 말씀대로 했다. 순식간에 수많은 고기가 그물에 걸려들었다. 힘이 달려서 그물을 끌어 올리지 못할 정도였다.

[7-9]그때 예수께서 사랑하시는 제자가 베드로에게 말했다. "주님이시다!"

시몬 베드로가 그분이 주님이신 것을 알고는, 일하느라 벗어 놓았던 옷을 급히 챙겨 입고 바다로 뛰어들었다. 다른 제자들은 배를 탄 채로 고기가 가득 든 그물을 끌고 나왔다. 그들은 육지에서 90미터 정도밖에 떨어지지 않은 곳에 나가 있었다. 그들이 배에서 내리고 보니, 숯불이 지펴져 있고 그 위에 물고기와 빵이 익고 있었다.

¹⁰-¹¹ 예수께서 말씀하셨다. "너희가 방금 잡은 물고기를 몇 마리 가져오너라." 시몬 베드로가 다른 제자들과 힘을 합쳐 그물을 바닷가로 끌어 올렸는데, 큰 물고기가 153마리나 되었다! 그렇게 많은 물고기가 들었는데도 그물이 찢어지지 않았다.

¹² 예수께서 말씀하셨다. "아침 식사가 준비됐다." 제자들 가운데 "당신은 누구십니까?" 하고 감히 묻는 사람이 없었다. 그들은 그분이 주님이신 것을 알고 있었다.

¹³-¹⁴ 예수께서 빵을 들어 그들에게 주시고, 물고기도 그들에게 주셨다. 예수께서 죽은 자들 가운데서 살아나신 뒤에, 제자들에게 살아 있는 모습을 보이신 것은 이번이 세 번째였다.

네가 나를 사랑하느냐

¹⁵ 아침 식사 후에, 예수께서 시몬 베드로에게 말씀하셨다. "요한의 아들 시몬아, 네가 이 사람들보다 나를 더 사랑하느냐?"

"예, 주님, 제가 주님을 사랑하는 줄을 주님이 아십니다."

예수께서 말씀하셨다. "내 어린양들을 먹여라."

¹⁶ 그런 다음, 예수께서 두 번째로 물으셨다. "요한의 아들 시몬아, 네가 나를 사랑하느냐?"

"예, 주님, 제가 주님을 사랑하는 줄을 주님이 아십니다."

예수께서 말씀하셨다. "내 양들을 돌보아라."

17-19 예수께서 세 번째로 물으셨다. "요한의 아들 시몬아, 네가 나를 사랑하느냐?"

예수께서 "네가 나를 사랑하느냐?" 하고 세 번째 물으시니, 베드로는 근심이 되었다. "주님, 주님은 모르시는 것이 없습니다. 제가 주님을 사랑하는 줄을 주님께서 틀림없이 아십니다."

예수께서 말씀하셨다. "내 양들을 먹여라. 이제 너에게 진실을 알려 주겠다. 네가 젊었을 때는 네 스스로 옷을 입고 어디든지 원하는 곳으로 다녔다. 그러나 네가 나이 들어서는 두 팔을 벌려야 할 것이다. 다른 사람이 네게 옷을 입히고, 네가 원하지 않는 곳으로 너를 데려갈 것이다." 예수께서 이렇게 말씀하신 것은, 베드로가 어떤 죽음으로 하나님을 영화롭게 할 것인지를 암시하신 것이다. 이 말씀을 하시고, 예수께서 이렇게 명하셨다. "나를 따라오너라."

20-21 베드로가 고개를 돌려 보니, 예수께서 사랑하시는 제자가 바로 뒤에서 따라오고 있었다. 베드로가 그를 보고 예수께 물었다. "주님, 이 사람은 어떻게 되겠습니까?"

22-23 예수께서 말씀하셨다. "내가 다시 올 때까지 그를 살려 두고자 하더라도 그것이 너와 무슨 상관이 있느냐? 너는 나를 따라오너라." 그래서 그 제자가 죽지 않을 것이라는 소문이 형제들 사이에 퍼진 것이다. 그러나 예수께서 하신 말씀은 그런 뜻이 아니었다. 예수께서는 그저 "내가 다시 올 때까지 그를 살려 두고자 하더라도 그것이 너와 무슨 상관이 있느

냐?"라고 말씀하셨을 뿐이다.

²⁴이 모든 일을 목격하고 기록한 사람이 바로 그 제자다. 우리 모두는 그의 증언이 믿을 만하고 정확하다는 것을 알고 있다.

²⁵이 밖에도 예수께서는 아주 많은 일을 행하셨다. 그것을 하나도 빠뜨리지 않고 낱낱이 기록한다면, 그 기록한 책을 다 담아 두기에는 이 세상도 비좁을 것이다.

주

서문

1. 유진 피터슨의 장례식은 다음 링크를 참조하라. https://www.youtube.com/watch?v=
OZFrW5VB9tU.

2. Eugene H. Peterson, *The Pastor: A Memoir*(New York: HarperOne, 2011), 290. (『유진 피터슨』
IVP)

1장 – 부활의 경이

1. Raymond Brown, *The Gospel According to John*, xiixxi(Garden City, New York: Doubleday
& Company, 1970), 985.

2. Brown, 991.

3. Wendell Berry, from poem "VII," in *A Timbered Choir*(Washington, D.C.: Counterpoint
Press,1998), 12. Reprinted by permission of Counterpoint Press, a member of Perseus
Books, L.L.C.

3장 – 부활의 친구들

1. Thomas C. Peters, *The Christian Imagination: G. K. Chesterton on the Arts*(San Francisco:
Ignatius Press, 2000), 90.

2. Gordon Fee, The First Epistle to the Corinthians: The New International Commentary
on the New Testament(Grand Rapids, MI: Eerdmans, 1987), 733.

3. C. S. Lewis, *The Four Loves*(London: Geoffrey Bles, 1960), 97. (『네 가지 사랑』홍성사)

4. Lewis, 97.

5. Karl Barth, *The Christian Life: Church Dogmatics*, IV, 4(Grand Rapids, MI: Eerdmans,
1981), 79-80. (『교회 교의학』대한기독교서회)